煌めく
オンリーワン・ナンバーワン
企業

2024年 増補版

21世紀を拓くエクセレントカンパニー

浪速社

はじめに

２０２４年1月1日に発生した能登半島地震により、犠牲となられた方々にお悔やみを申し上げると共に、被災された全ての方々に心よりお見舞い申し上げます。

２０２３年は、将棋界では藤井聡太八冠の誕生、ボクシングでは井上尚弥選手の2階級4団体制覇、野球界では阪神タイガース38年ぶり日本一、ＭＬＢの大谷翔平選手が満票でのＭＶＰ獲得、日本男子バスケットボールが２０２４年パリ五輪出場決定など、本著を編纂しているその暮れまでに、盤上を始めリングやダイヤモンド、コートなどといった勝負の世界で、多くの印象深い出来事がありました。

そういった華やかな舞台の明るい話題も聞こえてきますが、「税」が昨年の漢字に選ばれたように一般市民にとっては暗い1年だったといえるかもしれません。小規模事業者やフリーランスへ直撃したのが10月に発行されたインボイス、適格請求書でしょう。消費税の納税額把握が理由として発布されました。これは納税を免除されている売上１０００万円以下の企業も事業所登録により納税義務が発生するなど、事実上の増税と捉えられても致し方がない内容です。この他にも多くの税に関する施策案が発表されています。

また、コロナ禍が明けたことでインバウンドは好調ではありますが、円安によって輸出入が関わる企業では商品の大幅な値上げを余儀なくされている例も多く見られます。

コロナ禍を抜けた今もなお暗い情勢が続く日本ですが、その中にあっても煌めきを放つ多くの企業があります。一次産業である農業などから、物づくりに携わる二次産業、そしてコンサルティングや人材派遣といった三次産業までその業態は様々です。

今回はそんな多くの企業の中から一際光を放つ方々にお話を伺い、『煌めくオンリーワン・ナンバーワン企業 2024年増補版~21世紀を拓くエクセレントカンパニー~』を上梓する運びとなりました。どの方も国内外共に暗い話題が続く現状を照らすように、企業の発展や成長に尽力されている素晴らしい経営者。本書ではそんな燦々たる経営者の方々が時代のニーズに応えてクライアントに寄り添う姿、新たな市場価値を発見し普及する様子、先代が築き上げてきた企業を更に発展させていく勇姿などを書き上げました。

お話をお伺いしたどの企業も、経営者の手腕により、他社にはない独自の製品やサービスを生み出しているオンリーワン・ナンバーワンの方々ばかり。その背中を追う経営者や次世代を担う若者たちに本書を手に取っていただき、何らかのご参考にしていただけましたら甚だ幸いです。

最後になりましたが、本書の制作にあたり、ご多忙の中我々の取材に応じ、協力していただきました皆様、出版にあたりご協力いただいた関係者・スタッフの皆様に深甚の御礼を申し上げます。

2024年3月

ぎょうけい新聞社

Contents

目次

（掲載は取材順）

Contents

Contents

Contents

煌めく　オンリーワン・ナンバーワン企業　２０２４年増補版

21世紀を拓くエクセレントカンパニー

人と組織の成長を支える人材育成・組織開発のリーディングカンパニー

「ＩＣＴ」「教育」分野のプロフェッショナル集団

株式会社富士通ラーニングメディア

代表取締役社長　青山 昌裕

最高水準の知のサービスを提供していくことと、成長のための投資を惜しまず、質の高い成長を追求していくことが大事だと思っています

株式会社富士通ラーニングメディア

神奈川県川崎市に本社を置く株式会社富士通ラーニングメディア。ICT大手・富士通のグループ企業である同社は、人材育成を事業の柱として、企業の教育・人材育成をバックアップ。

「当社は長年、富士通グループの人材育成を担っており、そこで蓄積した先進的なノウハウを活かして、富士通グループ外の一般企業に向けて展開することで、ビジネスを拡大しています。現在の売上構成は、富士通グループ、一般企業で45：55となっています」

こう話すのは、富士通ラーニングメディア代表取締役社長の青山昌裕氏。

同社は、年々売上規模を拡大し、2022年度（2023年3月期）には、年間およそ3200社のクライアントに人材育成サービスを提供し、法人向け研修市場（ICT系）で売上高1位（矢野経済研究所調べ）を獲得。まさに人材育成市場のリーディングカンパニーと呼ぶに相応しい、確かな存在感を放っている。

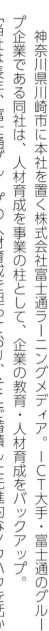

「現在は個々のスキルアップに加え、組織開発の領域にまで、当社のサービスは拡大しつつあります。今後も現状に満足することなく、時代のニーズにあったサービスを生み出し、世の中に提供していければと考えています」

時代の変化に応じたサービスの提供で絶えず成長
SE育成の講師としてキャリアを積み上げてきた青山社長

設立は1977年。当初はドキュメントサービスの会社として創業した。「現在まで続く、人材育成を生業とする企業に移行したのは1994年。富士通の教育事業部が分社化され、合流したことが契機です」

この時、社名も富士通ラーニングメディアに。都心や関西圏に教室を開設して、教育・研修サービスを本格的にスタートさせていった。「年々拡大・成長してく中で、大きなターニングポイントになったのは1999年の品川ラーニングセンターの開設でしょう」

当時、品川駅港南口の再開発により誕生したのが品川インターシティ。この真新しいビルの一角に、品川ラーニングセンターが誕生した。「蒲田から品川への移転でしたが、交通の利便性がぐんと高まったこともあり、お客様は右肩上がりに増えていきました」

その後も教室の数を増やし、提供するサービスも時代の変化に応じて多様化させていくなど、会社は成長カーブを描いていき、現在の確固たる地位を築き上げるまでに発展していった。

会社の歩みを説明する青山社長だが、一方で自身のキャリアは、1984年に富士通に入社。教育事業部に配属され、SE（システムエンジニア）育成の講師としてキャリアを積み上げていく。前述の教育事業部分社化を機に、富士通ラーニングメディアへ移動。「2000年辺りからは、講師業を離れ、販売推進や営業、システム化推進、eラーニングなどの部署を回り、多様な業務を経験させていただきました」

こうした経験や実績を買われ、2009年には役員に昇進。そして2016年に、第十代目となる富士通ラーニングメディア代表取締役社長に就任し、2023年12月現在で8年目となる。「私の動物占いは『強い意志をもったこじか』。人見知りはするが意志は強い。決めたことは最後までやり通す、頑固一徹タイプ。社長業に向いているタイプなのかもしれません」と分析する。

オープンコースと新入社員研修を2つの柱に人材育成プログラムを提供 アナログからデジタルへ。ニーズ増えるＤＸ関連コース

現在富士通ラーニングメディアは、オープンコースと新入社員研修という2つの柱を軸にして、多くの企業に人材育成プログラムを提供している。

「およそ3000近くのコースを用意しています。ＤＸ、ＡＩ・データ分析、ＩＣＴ技術、セキュリティ、マネジメントなど、ＩＴに関わる内容のものから、ヒューマン・ビジネススキル、そして新入社員や若手社員向けの研修など非常に多岐に渡ります」

この中で、ここ最近ニーズが多いのは、ＤＸに関わる講習だという。ＤＸとは、デジタル技術を活用してビジネスや生活を変革することで、業務の効率化や新たなビジネスの創造を実現し、会社の成長エンジンに繋げていこうというもの。

「ＤＸ人材の育成は、今やどこの業界・企業も急務となっています。当社はそのニーズに応えるべく、豊富なＤＸ関連コースをご用意しています」

こうしたＤＸをテーマとした研修がここ最近の同社

人材育成プログラムは3000近くもの豊富なコースが用意されている

のいわゆる旬であるのに対し、長年継続し、定着しているのが新入社員研修だ。2023年は利用企業数約440社、受講人数は約8700人。大手企業の依頼も多く、リピート率は96％。同社の新入社員研修プログラムが調査会社の顧客満足度第1位に選ばれたこともある。

「毎年、4月に入社した新入社員の方々が、入社後すぐに当社の研修を受けに来られます。挨拶の仕方から名刺の渡し方、ビジネス文書の書き方、礼儀作法などから始まり、IT系の会社様であれば、ネットワークの基礎やプログラミングの基礎など技術系も学んでいただきます。1カ月〜3カ月ほどの研修ですが、『鉄は熱いうちに打て』という言葉通り、その後の会社人生を左右するほど重要な研修という位置づけで、ご依頼いただく各会社様には繰り返しご活用いただいています」

対面、オンライン両方に対応できる受講スタイル 普及するオンライン研修の一方、対面の良さも大切に

前述のDX、新入社員研修を含めた、富士通ラーニングメディアが実施する研修の会場となるのは、品川、大阪、名古屋、札幌、福島、沖縄と全国にある計47の教室。

新型コロナウイルスが流行する前までは、多くの集合研修が各教室で行われていたが、コロナ禍となってすぐに全ての教室は一時閉鎖に。「このタイミングで大々的に導入したのが、オンラインでの受講スタイルです。当社としてもオンライン受講のインフラは元々整えていましたが、中々普及するに至らなかった。それがコロナを機に一気に浸透していきました」

コロナが落ち着いてきた現在（2023年12月）は、受講者に対面かオンラインかを選んでもら

うスタイルを採用しているという。「オンラインは、『移動しなくていい』、『マンツーマンで講習を受けている気分になれる』といったメリットを感じられる方も多いですが、対面の良さももちろんあります」と青山社長。

「会社で行われる会議、学校の授業、我々が行っているような研修など、今は色んな場面でオンラインを駆使した遠隔での実施が多くなっていますが、対面には、リアルならではの『モチベーションの向上』や『コミュニケーションのしやすさ』、そして『実機での演習ができる』といった良さがあります。当社として、オンラインももちろん最大限活用していきますが、同様に対面によるサービス提供も大切にしていきたいと考えています」

講座管理などインフラシステムや各種アセスメントシステムも提供
書籍出版やシニア、キッズ向けの講座も展開

対面・オンラインによる法人向け研修の提供に加え、「当社は、ＬＭＳ（学習管理システム）というサービスの提供も行っています」と青山社長。

それが、現在（２０２３年12月）すでに１９５０社、１１３万人が利用しているという、『Ｋｎｏｗｌｅｄｇｅ Ｃ＠ｆｅ《ナレッジカフェ》』と呼ばれるＳａａＳサービス。「講座の管理・運営やコミュニケーションツールなど色んな機能を備えたシステムです。富士通グループや海外でも使われています」

同社はこのインフラシステムに、個人一人ひとりの知識・スキル・経験や、組織・チームのビジョン・ミッション・アピールポイントなどを登録し、お互いに参照し合える「組織・ひと 名鑑」機能

コロナ禍となり一気に普及した、
オンラインでの受講スタイル

も実装。これによって社内の業務を円滑に進められ、構成メンバーの意識合わせや外部からの人材採用にも寄与する。また、個人のITスキルを数値化して診断できる『SkillCompass《スキルコンパス》』、各企業・部署の業務ノウハウを手軽にマニュアル化、共有できるSaaSサービスの『KnowledgeSh@re《ナレッジシェア》』といったシステムを提供している。

さらに、Microsoft Excel、Wordのテキストでいわゆる緑本として多くの人に愛され、読まれ続けているFOM出版の書籍、富士通オープンカレッジと題したシニア向けのパソコン・スマホ教室、『F@IT Kids Club《ファイトキッズクラブ》』と題した子ども向けプログラミング教室なども展開。

こうして、富士通グループから脈々と受け継がれるノウハウも活用しながら、ICTを中心に人材育成と組織開発をキーワードに、人や組織の成長に繋がる多様なサービスを提供している。「当社の行う教育事業は、基本的にはお客様から感謝されることが多い。ありがたいことですし、とてもやりがいのある仕事です」と青山社長。

社員エンゲージメントを高める様々な取り組み
絶えず変化を繰り返して新たな価値・サービスを生み出し続ける

株式会社富士通ラーニングメディア

幅広いサービスを提供する富士通ラーニングメディアを支える社員は現在642人（2023年3月末現在）。社内組織に関して青山社長は、「富士通グループの中でも社員のエンゲージメント（企業と社員との結びつき、ひいては愛着や思い入れ）はかなり高い。組織の一体感は当社の強みであり特徴だと思います」

エンゲージメントを高めるために同社では様々な取り組みを行っている。「まず当社は昔から、新入社員から役員、社長に至るまで全ての社員同士が『さん付け』で呼び合うようにしています」

そして、2006年から導入しているサンクスカード。「社員同士、感謝の気持ちを表すツールとして、メッセージを添えて送ります。誰が誰に送ったかを全社員で共有でき、普段陽の当たりにくい社員も評価を受けられる。1枚100円換算で、枚数に応じて外部の団体に寄付を行う仕組みになっていて、感謝の輪を社外にも広げられる活動です」

もう1つ、Purpose《パーパス》 Carving《カービング》も特徴的な取り組みの1つ。「自分自身の生きる目的や大切にしている価値観などの想いを言語化し、富士通や他者のパーパス（存在意義）と掛け合わせることで、社内コミュニケーションのきっかけとなることは勿論、仕事の原動力など、多様な力が生まれることを期待しています」

さらに社内向けラジオ放送やMicrosoft Teamsを活用した全社コミュニケーションの活性化などを実施。「当社はここ数年、短期間の間に社員数が大幅に増えたり、コロナで在宅勤務の社員が7割を超えたりするなど、社員同士、直接の繋がりを持ちにくい状況が生まれました。しかし、前述のような取り組みのおかげで、社員同士のコミュニケーションや社員のエンゲージメントは高く保たれています」

2023年8月には、「TeamFLMフェスタ」（FLM＝富士通ラーニングメディア）という

社員とその家族を招いたパーティー
「TeamFLM フェスタ」の様子

社員とその家族を招いたパーティーを開催。社員とその家族へ日頃の感謝を込めたこの催しには、700名以上が参加。「社員が最高のパフォーマンスを発揮するには家族の支援も不可欠だということで、日ごろの感謝を込めてご家族も招待させていただきました」

社員が明るく楽しく、そして気持ちよく働ける、そういった職場環境を色んなアイデアで創出し、それを会社の成長エンジンに繋げている富士通ラーニングメディア。青山社長は、「これからも、最高水準の知のサービスを提供していくことと、成長のための投資を惜しまず、質の高い成長を追求していくことが大事だと思っています」と、未来を見据える。

そして、「環境に合わせて絶えず変化を繰り返して新たな価値・サービスを生み出し続けることも非常に重要です」とも。

2022年から行っているのは、異業種交流の場を提供する新たな取り組み。「当社のCO☆PIT《コピット》というフューチャーセンターはキャンプ場を思わせるカジュアルな場で、業種・分野の異なる企業の方々同士がそれぞれの会社で抱える課題や悩みを議論し合います。この異業種交流ワークショップもブラッシュアップして組織開発に繋がる、よいサービスにしていきます」

「30年以上この業界にいますが、今も飽きることなく楽しい」と話す青山社長。これからも、社員一丸となって、人と組織の成長を力強く支援していく決意が感じられた。

President's Profile

青山　昌裕（あおやま・まさひろ）

1961年生まれ。愛知県出身。

1984年、富士通株式会社入社。

1994年、富士通教育事業部とともに富士通ラーニングメディアへ。

1999年、品川ラーニングセンター設立に従事。

2002年～2008年、販売推進部門、営業部門、システム推進部、eラーニングシステム部。

2009年、富士通ラーニングメディア執行役員、富士通ラーニングメディア・スタッフ代表取締役社長。

2011年、富士通ラーニングメディア代表取締役常務。

2013年、富士通ラーニングメディア常務取締役。

2016年、富士通ラーニングメディア代表取締役社長（第十代）

家族は妻と一男。趣味はゴルフ。好きな言葉は「将来、他人に誇れる何かを持った人間になれ」

Corporate Information

株式会社富士通ラーニングメディア

FUJITSU 富士通ラーニングメディア

所　在　地

〒212-0014　神奈川県川崎市幸区大宮町1-5　JR川崎タワー
TEL 044-742-2800

設　立

1977年

資本金	従業員数
3億円	642名（連結　2023年3月末現在）

事　業　内　容

法人向け人材育成・研修サービス：

・人材育成に関するコンサルティング、人材力診断 / 適性診断等の提供
・研修講座（コース、カリキュラム）の企画、開発、実施、運営および運営支援
・コース教材 / マニュアル等の開発、制作、翻訳、出版および販売
・人材 / 研修講座の運営 / マニュアル制作の管理に関連するソフトウェアの開発および販売

https://www.fujitsu.com/jp/group/flm/

人と企業の出会いで イノベーションを生む人材紹介会社

全世界の人を助け、貸しを作り続ける〝現代のヒーロー〟

株式会社飛び台

代表取締役　**本間 大地**

皆がヒーローに憧れた想いを持って仕事をすれば、もっと良い社会になると思います

必殺技の練習、新聞紙の剣、タオルのマント。幼い頃ヒーローに憧れごっこ遊びをした人も多いだろう。しかし、大人になる過程で「自分はヒーローにはなれない」と諦める日がくる。

そんなモラトリアムの影に消える夢を持ち続ける企業がある。株式会社飛び台の代表取締役である本間大地氏は〝ヒーローになろう〟という企業理念を掲げた。飛び台は、革新的な制度で求職者が本当に活躍できる場所へ導き、ヒーローにする転職支援・人材紹介会社だ。

履歴書からは測れない人材の可能性 入退職の理由の差異から後に繋がる考えを得る

本間代表は3浪の末に東京理科大学へ入学。卒業後、3浪という経歴の不利を逆転するため、一番キツそうだと感じた不動産の営業職を選び株式会社Vortexへ入社。若くして営業本部長に昇進する。同社では多くの気づきがあった。まず、履歴書と活躍がイコールではないこと。本間代表を含む営業成績上位3名は、大学中退、15年のブランクがある40代での再就職、本間代表は3浪での大学合格と履歴書が綺麗ではなかったが、活躍は目覚ましかった。

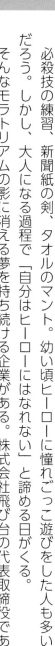

電話営業でも、世間の主流は若い体育会系男性だったが一般市場では採用されにくい50代の男性が活躍し、月平均の5倍ものアポイントを取得した。受付が歳を経て得た声の渋みで重鎮と思い込み、社長へ電話を繋ぐのだという。

意外な人物が活躍する土壌を形成したのは社長の宮沢氏。「見ただけではわからない」と自身が面接した際は全員を採用する姿に、本間代表は器の大きさを感じた。今でも社長と言えば宮沢社長のことを想うという。

また営業本部長として採用に関わる中で、「就職は仕事内容。辞める際は、成果が出ない、人間関係、残業といった職場環境を理由に辞める方が多く、入退職の理由が噛み合っていませんでした。ならば、就職も職場環境ですればいいのでは」と考えていた。

これらの考えが、後に株式会社飛び台を興す礎となる。

自身がヒーローになる企業からヒーロー排出企業飛び台の創設へ
「何のために働く」という問いから原点へ立ち返る

転職に悩む求職者側と
採用に悩む企業側をサポート

多くの糧を得て、本間代表は独立のためにVortexを退職。株式会社STORYを興した。

本間代表が起業の際に思い返したのは、宮沢社長の「何のために働くのか?」という問いかけ。2年間、隔週毎に同じ質問を受け続けた。聞かれる毎に本間代表は「何のために働くのだろう」と真剣に考えるように。初めは「ご飯を食べるため」と答えていた本間代表だが、ある時「今聞かれているのは、働くにおいての一番根幹の精神だ」と気づく。そして自身の原点を振り返り、子どもの頃の夢に行きついた。

それがヒーローだった。

「ヒーローに憧れていました。でもある日気が付くのです、自分には必殺技は使えないと。ただ、当時を思い出し〝現代のヒーローとは何か〟を定義しました。そして、全世界の人に貸しを作ることができたら、現代のヒーローになれるのではないかと考えたのです」

本間代表はSTORYを「自分がヒーローになるための会社」だと語る。見返りを求めないヒーローの姿にのっとりボランティアでの人助け。相手が希望する場合のみ金銭を受けとる。

道案内から始めたが「これでは世界中の人に貸しを作ることはできない」と考え、企業経営者の幸せは社員の幸せと視野を広げる。現在に至るまで毎日経営者と飲みに出かけ、悩みを聞き解決。貸しを作っていると自然と利益が出始めた。

それでも「全世界の人に貸しを作るには足りない」と本間代表は考えた。そして、自身が企業を助けるだけでなく、様々な企業へヒーローになりうる人材を送り、彼らが活躍すれば会社を助けたことになると人材紹介業に着目。

「皆がヒーローに憧れた想いを持って仕事をすれば、もっと良い社会になると思います」

こうして生まれたのが、ヒーロー排出企業〝飛び台〟。社名には「皆が飛躍し、活躍するためのジャンプ台」という意味が込められている。

〝まず会おう〟面接から始める履歴書で問わない採用 職種ではなく職場で選ぶ新しい転職の形

飛び台に登録する求職者は10代〜60代と幅広い。特筆すべきサービスは同業他社で類を見ない、性格診断による面接先のマッチング、書類選考不要で必ず面接を行う、当日まで面接先を知らせない、という制度だろう。

メリットは多々ある。職種で忌避せず様々な企業の話を聞けること、転職が多いなど経歴が一般的に綺麗ではなくとも、企業のトップである経営者本人から評価を貰えることなどだ。職歴の多さは経験値とも考えられるが、一般的には「仕事が続かない人だ」と捉えられ終身雇用を是とする日本では不利。本間代表はこれが「イノベーションが起こりにくくなっている」一因だと語る。

飛び台の制度形成には、元アスリートのセカンドキャリアが関わる。有名選手ならば引退後もコーチや監督として引く手数多だが、日陰にいた選手には「仕事がない」と言う者も多い。保険業界や不動産業界の営業職などから需要はあるが、彼らが望むのは著名な広告企業などへの就職。しかし、40歳職歴なし、パソコンも不得手というような状態では難しい。需要と供給でギャップがあるのだ。

今まで目を向けていなかった人材を
採用して、多様性のある組織作りを目指す

しかし、本間代表がそんな元アスリートと彼らを求める経営者と共に食事をすると、その場で就職が決まることがある。

「このように求職者がHPを見て、企業が履歴書を見て選ぶのではなく、実際に会えば仕事が決まる場合もあるのでは、と考えました」

元アスリート以外にもギャップが埋まった例は多い。事務系を希望していた求職者に介護職を提案。面接を経て興味を持ち採用になった。「仕事のキツさ、その代わりに得られるものを聞き、職種への誤解が解けイメージが湧いたようです。その仕事をしている理由を聞ける場所は案外少ないと思います」

新しい人材紹介報酬制度で挑戦的な採用を可能にする
性格診断を用いて本当に合った人物を企業へ紹介

昨今多い、ゲームが好きで関わりたいと、デバックを希望する若者へはゲーム会社専門の営業マンを提案。若者はそんな関わり方は想像したこともなかったという。元来、人と関わる仕事は希望しなかったが、営業職の面接を経て「営業がやりたい」と意識に変化が出た。

前職と同じだからと事務職を希望する人物にも、性格診断を参考に営業職を提案。想像していた地道な辛い営業とは違う、寄せられた反響に対して説明するスタイルに驚かれた。職種に対する偏見や食わず嫌いはままあるのだ。

「経営者はバイタリティに溢れ魅き付けられる方ばかり。求職者の方も、経営者に会うと仕事に興味が湧く場合が多く、当社はそんな経営者と求職者が履歴書を挟まずに会うことができます。飛び台を、今まで知らなかったことを知る楽しさや気苦労を知ることができる、大人の職業体験施設のようにできたら」

本間代表は面談の際、求職者に「当社は希望の職種を探す会社ではありません。その代わり、皆さんに一番合う職場を紹介できるよう努めます。皆さんに仕事内容を問わないように、企業に対しても履歴書で問いません。必ず、面接の機会を作ります。そこで新しい価値観が生まれたのなら、是非その会社に入って欲しい。生まれなければ仕方がないですが、知らないことを知ることは、絶対にプラスになるはずです」と語る。

次の居場所を探す求職者には、先が見えない状況を打開せんとする本間代表の姿が、光の国から来た使者のようにも思えるだろう。

人材紹介会社の制度に多いのは、採用された求職者の想定年収の35％程度を人材紹介会社が受け取る成功報酬制度、すぐに求職者が辞めたとしても支払いは発生する。これに対し本間代表は「すぐ辞めているのに成功報酬。成功した採用とはなんだろう」と考えていた。他に、月額制、双方を組み合わせた制度が多いが、本間代表は全く異なったプランを考案。20人面接を行い、その中から何人採用しても金額が変わらないという斬新なものだ。

企業で採用を行うのは基本的に人事部。成功報酬制度であれば1人の採用に相応の金額が必要となるため、履歴書を見て安全に思える人物を採用することが責務となる。経営者はともかく、採用に評価が直結する人事部が挑戦的な採用をすることは難しい。しかし、一定数面接した中から何人を採用しても金額が変わらないのであれば、人事部でも挑戦的な採用が可能となる。

「一定の物差しで選考を続けると、イノベーションが生まれなくなります。10人採用するのなら、7人はオーソドックスに、3人は今までにない物差しで採用してみる。そうすれば5年後、新しい風が吹き今までとは違う会社になっているはずです」と本間代表は新しい人材による会社の進化について語った。

求職者だけでなく企業経営者の性格を分析し、それに沿って人材を紹介。経営者に時間がない場合でも役員や幹部とミーティングを行い性格を分析し、性格やマネージメント方法に合う求職者をマッチングする。企業の制度1点が性格と合わないため転職する例もあるように、企業の個性も勤める人々の性格で出来ている。本当に適応できる人材を紹介するために、企業の個性・性格を測る性格診断を行い、活躍できる人物や、活躍している人物の部下に適した人材を探るのだ。

飛び台の制度では中途採用で求められがちな、その職種に慣れた人物の紹介は難しいが、「仕事内容は入社後に学べば良いだけです。企業も、仕事内容に理解があるけれど1年で辞める方と、初めは仕事内容が解らなくても10年働く方なら後者を選びます。ポテンシャル採用に近い感覚です。

履歴書の選考は職種の選考に近い。私は企業に関しても、職場環境の適正値や性格診断の方が大事だというスタンスでいます」

「成功体験から自己肯定感を得て欲しい」という願い 諦めない心を人のために使える天職

求職者を躍進させている飛び台だが課題もある。採用が少ない企業にはサービス内容が不適当なこと、専門家が欲しい企業の要望には応えられないことだ。専門家の雇用について本間代表は「同じポジション・仕事内容でも、アグレッシブな方とディフェンシブな方がいる。今までと逆の方を採用したら企業が変わるかもしれない」と新しいサービスも考えている。

また、全国対応も目指している。現在は大手企業の登録が多いが、地方の企業にも飛び台の制度は生きる。面接まで求職者は会う企業を知らず、先入観を持たずに対話できるためだ。地方に求職者の登録があれば、採用に困る知人の企業へ求職者を紹介することもあるという。「地方創生にも繋げたいと思います。現状都市圏の登録者が多いですが、もう少し地方の登録者が集まれば、地方のサービスも展開していきます」

本間代表は飛び台を興す際、地方の鉄鋼業経営者に「人材紹介業といってもうちには誰も応募しない。そんな問題を解決するサービスを作って欲しい」と言われたが、その困りごとも助け、貸しを作ることが出来た形だろう。

加えて、経験値のない人物の方が飛び台のサービスと適合する可能性があると、新卒者への展開

飛び台独自の『天職診断』を活用し自分自身の適職を知ることができる

も予定。現在は新卒者自身に直接意見を聞き、インターンも募集している。新卒時点で性格診断を行い入社することで、様々な性格の人物が集まりイノベイティブな意見が出やすい状況もできるだろう。

多くの展望を胸に抱く本間代表は「毎日疲れて帰る、楽しくない、仕事のことで涙する。『でも仕事はこんなものだ』と割り切っている方が多い。今の職場環境を改善できるのなら良いですが、できないのならもっと活躍できる場所があります。自分の可能性を信じられるようになって欲しい。新しいことを知るから、今までにない自分に気が付ける。活躍できる職場で自己肯定感が高められることにより、成功体験を得て欲しい」と語る。

不動産営業時代のことを「私は不動産を売るのが得意だったわけではなく、少しでも変化のきっかけを作るまで諦めなかっただけです」と話す本間代表。大企業の社長が相手でも意見を変えられる。若者に対してならもっと変化が起きるかもしれない。「諦めない性格を人のために使います。この仕事は天職です」

飛び台が企業と求職者を繋ぎ合わせるジャンプ台として躍進を続けているのも、本間代表が多くの人々と諦めず関わり続けてきたからこそ。愛と勇気と誇りを持って、人々に貸しを作ろうと闘い続けるヒーロー、本間代表。そんな彼だからこそ関わった人は皆、段々と心魅かれていく。そして、その手の中から高く飛びあがることができるのだろう。

President's Profile

本間　大地（ほんま・だいいち）

2013年3月、東京理科大学 卒業。
2013年4月、株式会社 Vortex 入社。
2018年4月、同社営業本部長。
2020年1月、同社執行役員。
2022年6月、株式会社 STORY 設立 代表取締役。
2022年10月、株式会社飛び台 設立 代表取締役。
2022年12月、株式会社ハイブリッドテクノロジーズ　社外取締役。

Corporate Information

株式会社飛び台

所在地	
〒104-0032　東京都中央区八丁堀 4-14-4　BizSQUARE 八丁堀 2F TEL 03-6264-3194	
設立	
2022年	
資本金	**従業員数**
1,700万円	8名
事業内容	
・書類選考を行わない転職支援 ・定額型採用支援 ・人材紹介事業	
企業理念	
ヒーローになろう。	

https://www.tobidai.com/

人材派遣を軸に多種多様な事業を展開し日本の未来を創る

人と社会の両方を大切にし新たな商品価値を生み出す

株式会社アポローン

代表取締役　林 賢太郎

努力を重ねていくと、それはお客様、所属する会社への貢献に繋がっていきます。それこそが働く上でのモチベーションです

東京都千代田区。日本最先端のカルチャーの発信地であり、海外からの観光客で賑わう秋葉原にほど近いビジネス街。この場所で、２０１４年に設立されたとある企業が急成長を遂げている。『人で社会と未来を創る』という言葉を企業理念として掲げる株式会社アポローンだ。企業の急成長の秘密はまさしくこの企業理念に関係している。一体どのような事業を手掛けているのか、何故開業を志したのかなど、代表取締役の林賢太郎氏に様々なお話を伺った。

身に着けた営業スキルを活かし一念発起の起業 未経験だった人材派遣の業界に足を踏み入れる

東京都足立区北千住に生まれた林代表。彼が起業するに至ったきっかけは、既にこの時から身近にあった。それは学習塾『武蔵学院』を営む父の存在だ。「塾に通う子どもは、次世代を担う人材でもあります。教育を通じてそんな人材を育てていく父親の熱意は非常に印象的でした」と語る。未来を担う人材たちと向き合う父の姿を見ながら成長した林代表。不動産関係の企業に就職し、営業職一筋で生きてきた。だが、ある時知り合った人材派遣会社から業界について話を聞いた時、その生き方が大きく変わることになる。

「当時は人材派遣の会社を立ち上げるための手続きが今よりも簡単で、人材派遣会社を起業するのが流行っていた時期でもありました。私としても何かしら起業してみたいという想いがずっとあったため、これを機に挑戦しました」

起業の決意を固めてから急ピッチで合同会社設立を進めたこともあり、初めてのオフィスは足立区にある四畳半一間の小さな部屋だった。

「未経験の業界だったため、業界用語すらも分からない状態からスタートしました」

会社設立に賛同した知人と共に、右も左も分からない中で新たな業界の中を奔走した日々が現在のアポローンの礎となった。

『意図を汲み取る』ことが臨機応変な対応を可能にさせる努力を求めるのは決して企業の利益のためだけではない

アポローンによる人材派遣の得意分野は通信回線やメーカー家電と多岐に渡る。派遣先の中には通信関連の大手三大キャリアの代理店から業務委託を受けている企業もあり、同社の派遣業務が業界内で高い評価を受けていることが伺える。派遣先ではＢｔｏＢを基本とした営業、販売促進に携わり、社員たちは幅広く活躍している。

派遣業務がここまで大きく成長できた秘訣は林代表のとある考えにある。

「業務を行ってもらう際に『意図を汲み取ることの大切さ』を理解し、実行に移してもらえるようにしています」その具体例として、携帯電話ショップでの接客を例に挙げた。「来店されたお客様にいきなり携帯電話のお話をしても困惑させるだけ。まずはお客様への気遣いや配慮が重要です。『ご不明点があればお気軽に仰ってください』と一言を添えるだけでも、お客様からお声掛けいただく確率が高くなります」

このように顧客が何を求めているかを汲み取ることが、臨機応変な対応に繋がる。しかし、この

「人を輝かせる会社でありたい」との願いが社名の由来になっている

ような『意図を汲み取る』実践は一朝一夕で出来るものではないため、社員の努力が求められるのだ。そこで林代表は社員に対する研修を充実させると共に、『頑張ることの大切さ』も伝えるようにしている。

「やはり客観的に見ると、頑張る人を応援したい、協力してあげたいという気持ちは喚起されやすいものです。頑張ることの大切さはそこにある。このような理屈をお伝えするようにしています」

社員たちに努力を求めるのは、決して企業の利益のためだけではない。努力は必ず自分に還元される。その事実を社員たちへ直接伝えることで、「頑張りたい」と思う気持ちをより引き出している。

「努力を重ねていくと、それはお客様、あるいは所属する会社への貢献に繋がっていきます。そうすると今度は自然に、自分に対する評価や感謝の言葉という形でフィードバックが返ってきます。それこそが働く上でのモチベーション維持になるのです」

林代表のこれまでの経験が人材育成に生かされているからこそ、主体的に考え、行動できる『社会と未来を創る』人材が育っていく。

父から引き継いだ学習塾『武蔵学院』
企業自らが社員の活躍できる場を提供していく

学習塾の運営も同社が力を入れる事業の1つだ。前述の通り林代表の父が経営していた『武蔵学院』をアポローンが引き継ぐ形で事業化。林代表の父も現役で活躍を続けており、未来の人材を育てる熱意は今も健在だ。在籍している教師たちも父の意志を受け継ぎ、生徒の学力向上、志望校合格を目指して全力を注いでいる。

その特色は補修、追試分の追加料金の必要がないことだ。生徒の理解度を最重視し、『わかる・できる』まで授業を受けることが出来る。

「このカリキュラムで、生徒の学内テストの順位を10位以内にまで引き上げたり、高い偏差値を誇る難関校の合格を実現させたりといった実績もございます」

地域密着型の学習塾という形態にこだわっていることもあり、広告展開は行っていない。そのため生徒の殆どが口コミでの評判を介しての入塾だという。広告が無くとも人々の間で自然と情報共有がなされているという事実が、武蔵学院の評判を物語っている。

このように人気を博している武蔵学院だが、「本当は引き継ぐ予定はありませんでした」と林代表。引き継ぐことを決意したのは、アポローンの経営方針でもある『一人ひとりが活躍できる場を提供していく』ことを、林代表が如何に大切にしているかが伺えるエピソードがあった。

「今は講師として活躍しているスタッフが居るのですが、元々は武蔵学院の卒業生でした。卒業後、就職活動が難航し苦労していたようですが、そんな中で武蔵学院の講師としてアルバイトを始め、その仕事が楽しくなっていったようです」

しかし、当時の武蔵学院はあくまで個人事業という体裁を取っており、法人としては届け出ていなかったという。

「やがて、そのスタッフからアルバイトではなく社員として働きたいという申し出がありました。こちらとしてもその熱意を大切にしたかったので、それならば学習塾も事業化しよう、という流れになったのです」

そのやる気に応えるべく学習塾の事業化にまでに踏み込んだその判断は、スタッフの活躍の場を尊重する林代表らしい決断といえるだろう。

学習アプリゲームでこれまでにない新たなゲーム体験を提供 アプリゲームを通じて日本のブランド力をアピール

スマートフォンを用いたアプリゲームは、若い世代を中心に高い人気を誇っている。基本プレイ料金が無料であることが多く、暇つぶしとして手軽に始められる点が魅力的だ。国内のゲーム市場から見てもアプリゲームのプレイ人口の増加が目立つなど、需要は高まる一方。そんな情勢の中、アポローンも積極的にアプリゲームを自社開発している。

代表作はギミックを駆使してステージを攻略していくアクションゲーム『フォレストクラッシュ』。近頃では対戦プレイ機能が追加された『フォレストクラッシュパーティ』の配信が始まるなどますます力が入る。

独創的なアイデアで非日常的な体験を顧客に提供

その他にもバリエーション豊かなゲームのラインナップが並ぶ中、他社製のゲームと一線を画すのが『ワンコインエンジニア』だ。これは言わば『ゲームを作るゲーム』であり、先述のフォレストクラッシュを土台に、ゲーム開発の基本を学ぶことが出来る。

「ゲーム開発は複雑なプログラミングの知識が必要だというイメージが先行し、ハードルが高いもののように思われがちです。しかし最近ではゲーム開発ツールやゲーム制作に使える素材も登場し、かなりハードルが下がっています。ただし、そういったツールは海外製のものであることが多く、日本人にとって使いこなすのが難しい個所もあるため、ぜひ『ワンコインエンジニア』で学んでもらえたらと思っています」

企業がゲームを開発し、顧客がそれをプレイするという従来の事業の在り方ではなく、顧客にゲーム開発の楽しさを提供するという斬新なアイデアを展開した。

「この世には価値を認められているものがたくさんありますが、それはこれまでの歴史の中で価値が高められてきたからこその結果です。ですから『価値を作る』行為そのものに重要性を感じていますし、それこそが私のモットーでもあります」

つまり『ワンコインエンジニア』は、自社作品をプレイしてもらうだけでなく、ゲームの作り手を体験してもらうという新たな価値の創造を試みた結果だ。

「新作のアプリゲームをリリースするサービスと言えば、大抵の場合はアップルやグーグルといった海外の配信サービスです。しかし、日本が主体となって運営する配信サービスは現時点ではありません。日本が持つブランド力も十分に世界に通用するはず。まだ先の話ではありますが、いつか日本発祥の『ジャパンアプリストア』を立ち上げて、全世界に向けてジャパニーズブランドを発信していく、といったことにも挑戦してみたいです」

日本の持つブランド力に改めて注目すると共に、世界規模での未来の展望を語る林代表。アポローン発の価値観が世界に浸透していく日もそう遠くないだろう。

高齢者を狙う詐欺にも対応し得る新しいビジネス
次々と生まれるアイデアを実現させ新しい未来を創る

これまでの業績を見ていくと、アポローンが急成長を遂げているのは、林代表の柔軟な発想力とそれを次々と実現させていく行動力が実を結んだ結果だということが分かる。新たな事業の発端となるアイデアは今も留まるところを知らない。

「これも構想中の段階ではありますが、挑戦してみたいと強く考えているのは『シニア向けスマホ教室』です。その名の通り、シニア世代のお客様に向けての企画です」

学習塾業務の営業時間は16時〜23時。業務が始まる前の午前中〜15時までの時間の有効活用を兼ねたアイデアだ。

「スマホのことで分からないことがあった時、シニア世代のお客様がまずはじめに相談するのはご自身のお子様だと思います。ですがお子様がいつでもサポートできるわけではありません。そんな時にもっと身近に相談できる場があれば、と考えたのがこの企画です。イメージとしてはスマホの販売員ならぬ『スマホの説明員』といったようなところでしょうか。その他にも、オレオレ詐欺やフィッシング詐欺など、高齢者を狙った悪質な詐欺の相談窓口も出来ればと考えています」

説明員にはスマホの販売を制限するなど、販売員と説明員の線引きもきちんと行う配慮も忘れない。そうすることで説明員は相談業務に集中でき、顧客も安心して相談できるようになる。

社会問題として注目される高齢者の詐欺被害にも焦点を当てたこのアイデア。新たなビジネスの枠組として成立させることが出来れば、他企業もフランチャイズ展開のように『スマホ教室』を運営できるようになる。このようにアイデアに協賛してくれる企業を増やしていくことで、社会全体が高齢者の詐欺被害について考え、取り組むきっかけに繋がっていく。そうなった時、まさしくアポローンが新たな未来を創造した瞬間だといえるだろう。

「他にもまだまだ温めているアイデアはたくさんあります」と話す林代表は溌剌としていた。林代表のように、自らの手で新たな価値観を創造していくことが日本の未来を創るのだと認識させられた。

スタッフ一丸となって日本に新たな価値観をもたらす

President's Profile

林　賢太郎（はやし・けんたろう）

1984年生まれ。東京都足立区出身。
2014年、株式会社アポローン 設立。

Corporate Information

株式会社アポローン

所　在　地	
〒101-0032　東京都千代田区岩本町2-15-10　ニュー山本ビル2F TEL 03-5829-9384　FAX 03-5829-6369	
設　立	
2014年	
資本金	**従業員数**
2,000万円	52名
事　業　内　容	
労働者派遣事業法に基づく労働者派遣事業 コンサルティング業 セールスアウトソーシング・セールスマーケティング・ セールスプロモーションに関する事業 デバックサービスアウトソーシング業 デバックサービス派遣事業 塾の経営、塾講師の育成等教育に関する事業 ゲームコンテンツの企画・開発・制作・販売・受託請負・運営及び管理 アプリケーションソフトウェアの企画・開発・制作・販売・受託請負・運営及び管理 携帯端末のソフトウェアの企画・開発・制作・販売・受託請負・運営及び管理 AIの企画・開発・制作・販売・受託請負・運営及び管理 上記に付帯関連する一切の事業	
企　業　理　念	
人で社会と未来を創る	

https://www.apollon-group.co.jp/

世界一のフットケアのフランチャイズを目指す

埋もれた顧客ニーズを発掘、新業態の確立に繋げる

在宅医療マッサージ株式会社

代表取締役　飯田　正人

お客様の喜ぶ顔を見て幸せを感じられる人は、仕事に付随するプラスの副産物が増えて、結果的に多くのものを得られることになります

足と足爪の専門サロン「ドクターネイル爪革命®」を展開する在宅医療マッサージ株式会社。2013年1月に第1号店を飯田正人代表の地元・川崎市にオープンした後は順調に成長を続け、現在では全国で100店舗規模にまで店舗網が拡大している。

同サロンの特徴はフランチャイズ（FC）展開している点だ。飯田代表が長年の会社経営の経験で培ってきたノウハウを活用し、安定した業務運営ができるよう手厚いサポート体制を築いている。

最近、「ドクターネイル爪革命®」よりも料金が安価で気軽に利用できる新業態「クイックフットケア」も展開し始めた。2つの異なる業態を効率良くミックスし、相乗効果を高めてさらに顧客の開拓とスキルの向上に力を入れている。「日本市場に留まらず、世界一のフットケアのフランチャイズを目指したい」と飯田代表は将来の大きな夢を語る。

経営者を目指し、起業した20代で得た貴重な助言 度重なる苦労の中、お金の価値や感性を磨くことの大切さを知る

飯田代表がビジネスの世界に身を投じたのは高校卒業後すぐのことだった。父親から「26歳までに経営者になる気がないのなら、一生サラリーマンでいろ」とはっぱをかけられ、持ち前のやる気に火が付いた。建設業の仕事に携わった後、23歳で独立。会社経営者としての道を本格的に歩み始める。経験を活かし、ハウスメーカーやコインパーキング「パーク24」の設置工事などの仕事を手掛けていた。

その折、「パーク24」の社長から聞いた言葉が、後に新しいビジネスの可能性を見出す際の参考

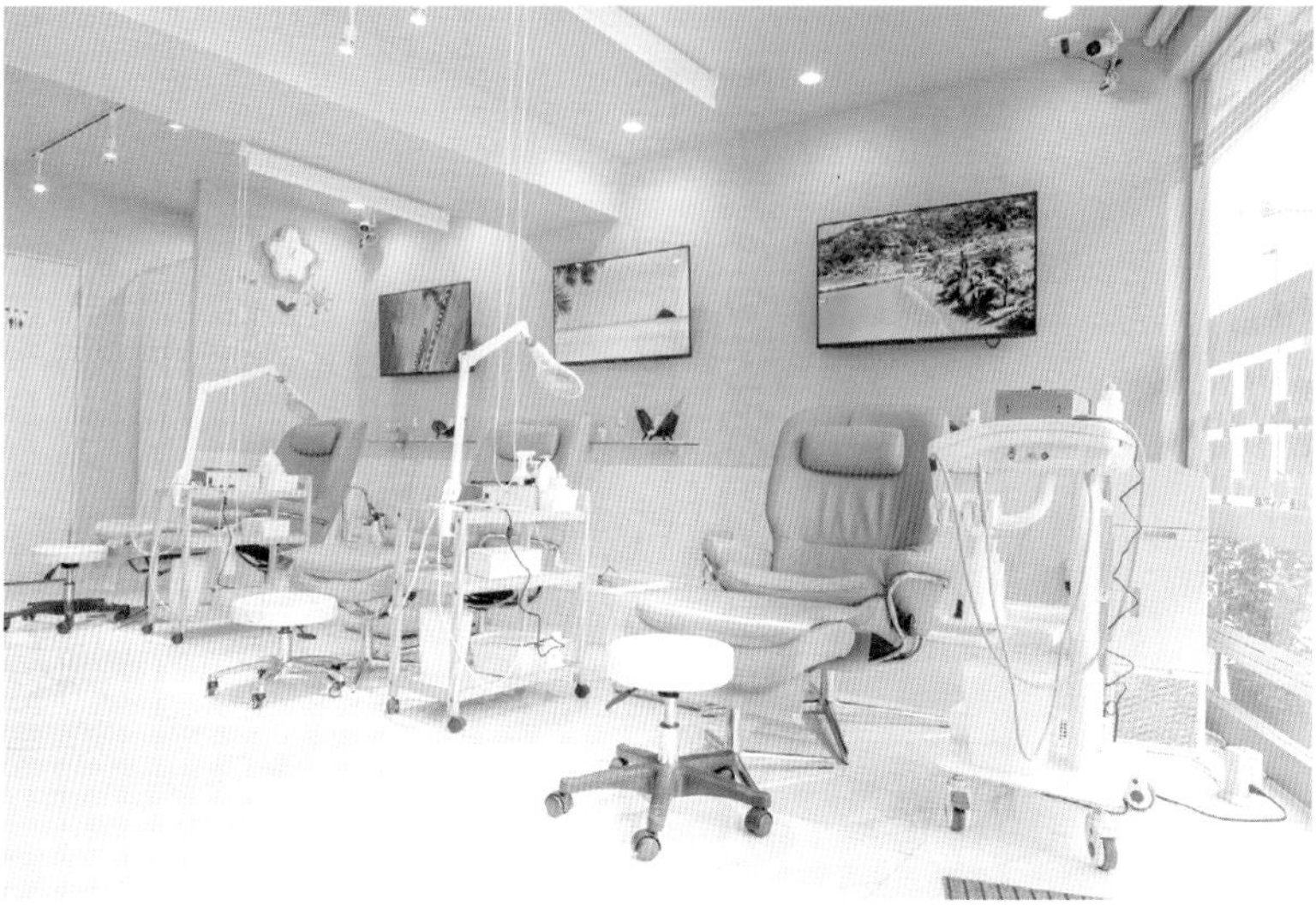

リラックスしてフットケアサービスを受けられる
店舗内の施術スペース

になった。「ほかの人が気付いていない〝隙間〟産業は、当たれば大きな商売になる」。飯田代表にとって、貴重な助言となった。

しかし人生はうまく行かないもので、幾度かどん底の生活を味わうこととなる。30代半ばの頃、席数が１００人を越える大規模な焼き肉店を経営していたが、狂牛病という牛の病気が流行し来客が激減。急速に経営が悪化した。40代半ば頃の数年間は、金銭面、精神面で苦労が絶えなかった。だがこうした経験は、「お金の大切さ、新しいビジネスでお金を生み出すには他人の何百倍も感性を磨く必要がある」ことなど、貴重な教訓を得るまたとない契機となった。

「何か良い仕事はないものか?」と、新たなビジネスを模索する日々だったがある時、整骨院の先生と話している際に、ひらめくものがあった。高齢化が進む日本で、急速に需要が高まっていくものの1つが介護分野ではないかと思いついたのだ。そのアイデアが、２００３年10月の「整骨院開業システム」の設立に繋がった。

しかし、一難去ってまた一難。2011年3月に東日本大震災が発生する。関東を中心に計画停電が実施され、当時飯田代表が運営していた多くの実店舗が満足に営業できなくなる状態に陥った。狂牛病で苦労を余儀なくされた焼き肉店の再来ではないが、またしても安定した店舗運営が困難になってしまった。

「常設の店舗では地震や計画停電の影響で運営に支障が出てしまうが、無店舗ならそのリスクを最小限に抑えられるのではないか?訪問マッサージに移行すればいいのではと、社名を在宅医療マッサージに変更しました」

契機はスタッフからの「患者さんの足の爪がすごいことになっている」という報告
商機と感じ、「ドクターネイル爪革命®」を立ち上げ

そんな折、老人ホームなどへ訪問マッサージのサービスに通っていたスタッフの1人から興味深い話を聞く。「患者さんの足の爪がすごいことになっている」という内容だった。早速、調べてみたところ、入居者の実に98%が満足に手入れされていない状態の爪であることが分かった。「その施設は入所料も月額利用料もかなり高額な高級老人ホームだったのですが、足爪の手入れは放置されている状態でした。なぜ手入れされていないのか不思議に思いました」

その背景には、2005年まで法律で足のケアが医療行為として認定されていたという事情があったようだ。タイミング良く、民間でも爪切りなど足の手入れを行ってもいいという法令に変わったこともあり、「じゃあ、うちでやってみようということになりました」。足と足爪の専門サロン「ド

クターネイル爪革命®」誕生のきっかけとなった。

試しに、足爪の状態が悪い高齢者にグラインダーと呼ばれる電動足爪やすりで施術したところ、涙を流して喜んでもらえたという。この体験を通じて、飯田代表は「世の中に足の爪で悩んでいる人がたくさんいる」と確信した。

「ドクターネイル爪革命®」をスタートする際、周囲の人は否定的な意見ばかりだったという。やれ「失敗するからやめなさい」「みんな爪くらい自分で切るよ」「介護士も切っているよ」等々。しかし、飯田代表は介護の現場をつぶさに観察している経験があるため意に介さなかった。「周りの人は現場の実態に気付いていないと思いました。もしあの時、『良い仕事だね』と言われたら、それはすでに世間に認知されて浸透している証拠でしたが、まだ世間に知られていないし浸透もしていない。『これは商機がある』と感じました」

若かりし頃、取引先の社長から聞いた「隙間産業は当たれば大きな商売になる」という言葉が現実のものになりつつあった。こうして方向性は定まったが、具体的にどうやって広めていくかという壁にぶち当たった。試しに老人ホームなどの施設でアンケートを実施したところ、「そんなことをしている人はいない」「知らない」「やってはいけない」といった否定的な意見が集まった。その結果を見て飯田代表は我が意を得た心持だった。「誰もやったことがない分野だと。じゃあ絶対に行動すべきだ、やるしかないと決意しました」

2013年に川崎市の本社に「ドクターネイル爪革命®」を開設。並行してFC加盟も募集し始めた。すると飯田代表と同じような疑問を抱き、その試みに賛同する同士が現われた。数件のFCも決まり、ビジネス拡大が本格化していった。

高齢世代のみならず働く世代や女性など、顧客層も広がる
医師からも太鼓判、紹介の数も増加傾向に

飯田代表の先見の明が生んだ「ドクターネイル爪革命®」という新業態開発だが、技術面の裏付けもしっかりなされている。日本よりもフットケアが進んでいる本場・ドイツのフスフレーガーに学び、ノウハウを採り入れたオリジナルの施術体制を構築した。現在は高齢者の足の悩み解消に留まらず、働く世代や女性の美容など、その守備範囲（利用範囲・需要など）は広がっている。「来店客の平均は40～50代の働き盛りの方が多いですね。巻き爪や魚の目などの足のトラブル解消に来られます。アスリートの利用も少なくありません」

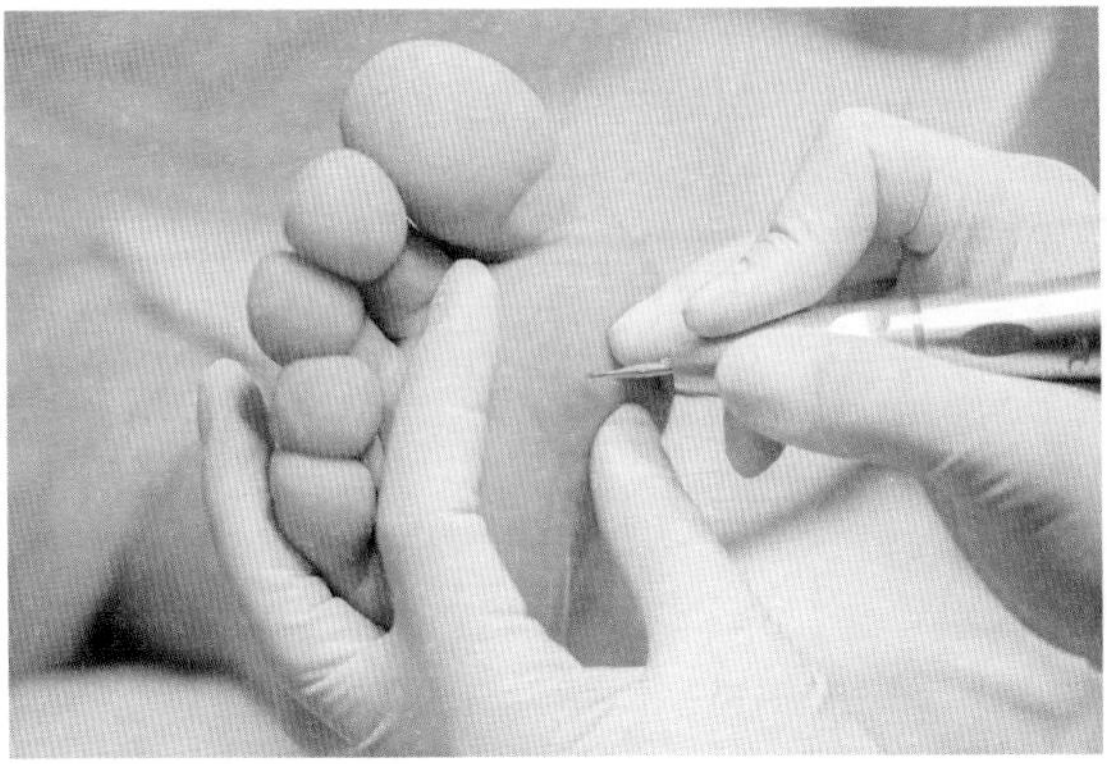

足・足爪で悩む多くの人に喜ばれている

施術料金はコースごとに幅はあるが、足爪ケア（30分）だけなら３３００円（税込）で受けることができる。利用しやすい料金設定である点も特長だ。

短期間で軌道に乗った背景にはほかにも複数の要素がある。高齢者の足や爪のケアを手掛ける企業がなかったこと、顕在化していない顧客ニーズが眠っていたことが最も大きな要因だが、社会の変化によりエンドユーザーの意識や習慣が変わったことも後押しになっている。

２０２０年以降、コロナ禍で満足に外出できなくなり、人と

直接会うことが難しくなったが、その環境変化は人々を健康の見直しや、ネット利用の増加へといざなった。性別や年齢層関係なく、パソコンや携帯電話で情報を集める、検索する、予約するといった従来なかった行為や習慣が徐々に浸透していった。「消費者のネット利用に対するハードルが下がったのでしょう。検索して当社を見つけ、問い合わせするといった事例が増加しました」

マンツーマンで施術するため感染のリスクも低く、コロナ禍以前より衛生管理も徹底していたこと、そして出張してくれる店舗もあるなど、顧客メリットになる訴求ポイントが複数あったことも安心感に繋がったとみられる。「コロナ禍を機に加盟店が増え、売り上げも順調に伸びていきました」

現在、100店舗規模で年間にこなす症例数はおよそ18万。確かな技術に支えられたサービスにより、現場の医師たちからの信頼も得られるようになった。「病院の医師からの紹介で当社を利用される方も増えています。医師が施術を見て、『これなら紹介しても問題ない』と太鼓判を押してくださっています」

技術指導から広報活動まで。FC加盟者に対する充実したフォロー体制
相乗効果を狙い、新業態「クイックフットケア」をスタート

「ドクターネイル爪革命®」は2023年秋時点で、全国に100店規模を展開するに至るまでに広がった。企業の加盟は少数派、その大半は個人である。

2023年の1月に1号店を移転して、元の場所を研修センターにした。全国からFC加盟者が集まり、様々な指導を受ける。持続できる経営体制を構築するため、実技指導をはじめ、情報発信

など集客の方法、賠償請求を想定した保証体制などのバックアップを充実。飛行機の元客室乗務員を定期的に招聘し、接客や会話の指導も行っている。こうした、フォロー体制は施術や接客サービスなど質の安定、向上にも繋がる。また、「しっかりと研修を受けて勉強した人、加盟店であれば、当社のコンテンツを存分に活用できる体制が整っています」とも。

長続きする、売り上げが伸びるFCオーナーは、この仕事に情熱を持って取り組むタイプの人が多いという。あるラーメン店を立ち上げようと考えていた人がたまたまネイルケアの施術を受けて感動し、FCに加盟するまでに至って成功した実例もある。「一人ひとりのお客様の顔を見て、その喜ぶ顔を見て幸せを感じられる人は、仕事に付随するプラスの副産物が増えて、結果的に多くのものを得られることになります」

最近飯田代表が、新たに手掛け始めたのが、「ドクターネイル爪革命®」よりも安価で気軽に施術を受けられる医療連携・医療知識を備えた「クイックフットケア」業態。自分では足爪が切れない人のことを考え1回の施術が1100円（税込）とさらに利用しやすい。顧客のすそ野を広げる目的がある。加盟費も「ドクターネイル爪革命®」より廉価で、立ち上げが容易な条件になっている。核となる「ドクターネイル爪革命®」の1店舗当たりに「クイックフットケア」業態が衛星店のように4～5店舗付き、いわゆるドミナント形式で各地域に店舗網を広げていく形態を構想中だ。

「既存の加盟店が成長してくれることが一番有難い」と語る飯田代表。サービスの質や経営の安定を重視しているため、やみくもに店舗数を増やすことは考えていない。「最終的には施術者が2～3万人規模にまで増える大きな市場になると思います。しかし段階を踏んで中身の伴った広げ方をしないとビジネスは大きくならないので、そこは急がずに取り組んでいきます」

家族の支えがあるからこそ、仕事に没頭することができる
事業も継続していけるような〝仕組みづくり〟が大事

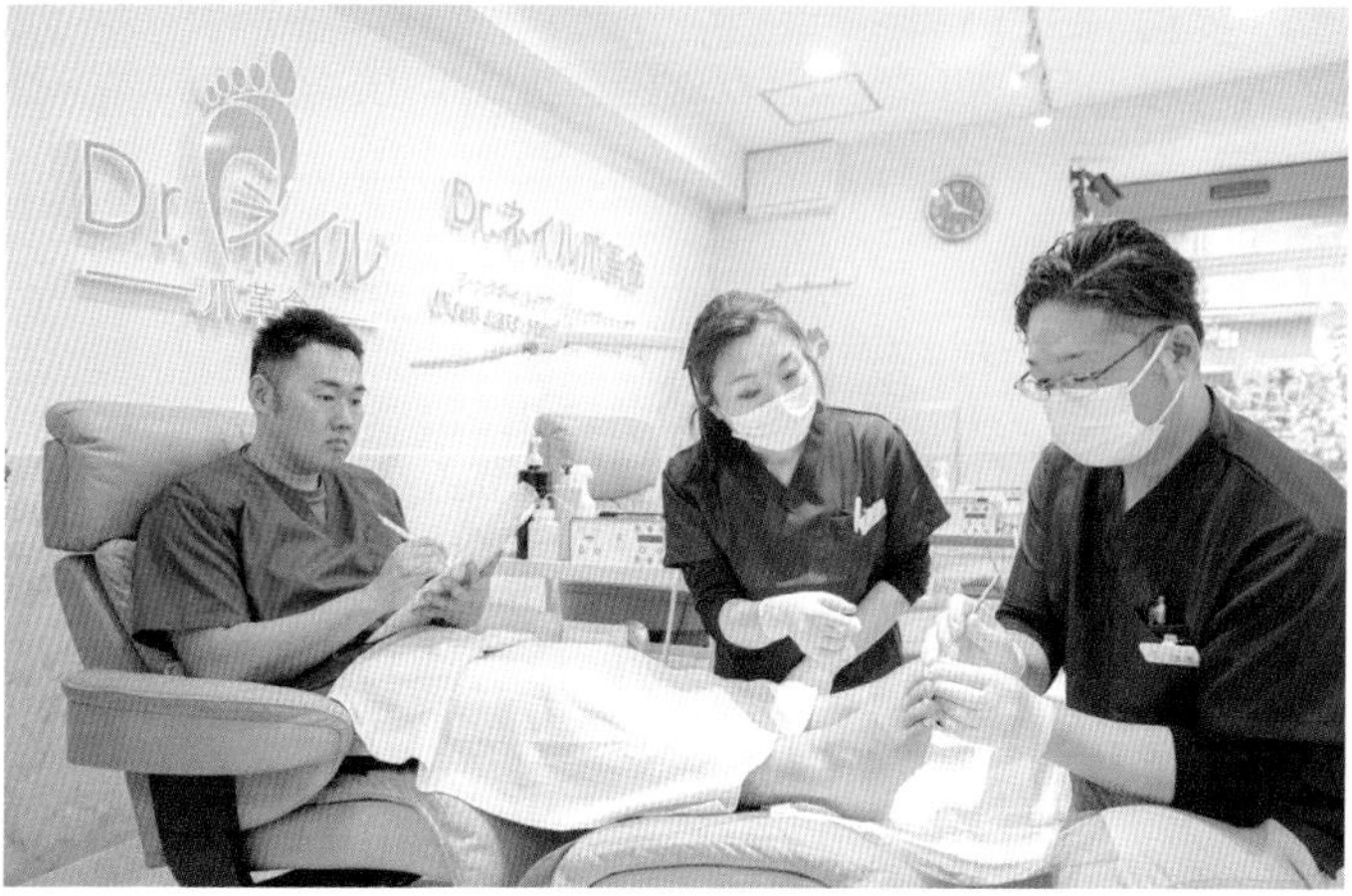

技術指導や集客支援、保証制度など、加盟者に対して充実したフォロー体制を整えている

多忙な飯田代表の数少ない息抜きは「旅行や食事、行楽など家族と過ごす時間」だという。「予定を入れる場合は家族との時間を最優先しています。家族の支えがあるからこそ、自分は日々の仕事に没頭することができる。その根っこを大事にしたいのです」

同様に、「FCは家族のようなもの。また、その下にできた加盟店は孫のようなものです」とも話す。家族のように大切な存在がFC。今後このビジネスを拡大、成長させ維持していくには、現場でがんばっているFCの力が必要不可欠になるからだ。「私がいなくなっても事業が継続していけるような〝仕組みづくり〟が大事だと考えています。自分の代で終わらせない仕事を残すことが、経営者としての使命だと思います」

生涯、経営者を貫く決意で歩んできたビジネスの道。飯田代表の挑戦は今後も続く。

President's Profile

飯田　正人（いいだ・まさと）

1961年生まれ。1979年3月に高校を卒業後、建設会社に就職。23歳で独立し、ハウスメーカーやコインパーキング等の仕事を手掛ける。

2003年10月、在宅医療マッサージ株式会社を設立。

2013年1月、「ドクターネイル爪革命®」の営業開始。

2023年6月、FC加盟100を達成。

2023年10月、足の爪切り難民救済　クイックフットケアスタート。

Corporate Information

在宅医療マッサージ株式会社

所　在　地	
〒210-0003　川崎市川崎区堀之内町12-6　2F TEL 044-201-2918　FAX 044-201-2914	
設　立	
2003年	
資本金	従業員数
5,000万円	5名
事　業　内　容	
フランチャイズビジネス（FC事業） 奇跡のフットケア「ドクターネイル爪革命®」 出張専門・副業型「足のトラブル119番®」	
社　長　挨　拶	

在宅医療マッサージ株式会社は、個人・法人・性別・国籍に関係なく学ぶ人、教える人、携わる人に真心を込めてお付き合いをさせていただくこと。あるいは、人の声に耳を傾け、些細なニーズに対しても持てる力を惜しみなく発揮すること。こうした活動が私達の基本姿勢です。

世の中にビジネスチャンスを追いかける人、またビジネスチャンスを自ら生み出そうとする人がいます。そのどちらが良い悪いという事ではありません。互いに行動する事で将来の道が見えてくるのです。加盟店と本部が行動を通じ中身の充実と生活の充実を目標にしたいのです。私は、FC加盟店の数の多い本部が必ずしも良い本部だとは思いません。加盟店の一人ひとりの個性を十分認識し、尊重するとともに、加盟店全体にゆとりやあたたかさを感じるFC本部でありたいと考えております。FC本部は加盟店の安心と安全また心を豊かにする器でなければなりません。

人が生き生きと活動し、互いに協力しあえる環境をつくることが私達の役目だと考えています。加盟店希望者の皆様と加盟店様と共に、その目標に向け歩んで行ければと考えております。

https://www.zaitakuiryo-massage.com/

脱炭素宣言などで環境問題に取り組み、必要とされ勝ち残る企業へ

緑尋機妙 多逢聖因』仙台のライフラインを支える一翼

株式会社宮城衛生環境公社

代表取締役 砂金 英輝

きつい、汚いなどの
印象を払拭し、
社員の社会的な地位を
向上したいのです

夢枕に金の鶏が立ち、夜明けを告げる。吉兆とされるこの夢は、日本主義を唱えた重鎮、安岡正篤師が開院した私塾、金鶏学院の名に冠される。

ごみ収集や除雪・融雪、上下水道や浄化槽などのライフラインについて請け負う宮城衛生環境公社。3代目代表取締役の砂金英輝氏は、社内に人間学を学ぶ木鶏会を興した。〝明るい衛生環境づくり（茶色から緑色へ）〟という企業理念を持つ同社には、緑の葉を鶏冠に持つ木の鶏こそが吉兆とも思える。また、木鶏には〝最強の闘鶏。強さを秘め、全く動じることなく敵と対する〟という意味がある。砂金社長はごみ収集や清掃業などを総称する静脈産業への偏見と闘い、業界全体の印象の改善を図ることで、家族とも称する社員の未来が明るくなるよう尽力を続けているのだ。

創業者の路線を継承しつつ掲げる新たな経営方針 未来を見据え、「なければ困る企業」を目指す

砂金社長は宮城県仙台市に生を受け、大学卒業後は建材メーカーに就職。生命保険会社を経て宮城衛生環境公社へと移った。

宮城衛生環境公社の現会長、創業者である佐藤太利雄氏の妻は砂金社長の母方の伯母だが、それを知り入社を決めたのではない。保険の営業で偶さか同社へ訪れた際、佐藤会長にスカウトされたのだ。初めは「次の夏頃まで忙しい」と誘いを躱した砂金社長だが、佐藤会長はその言葉を覚えており、来たる夏に再度砂金社長へ声をかけた。「創業者である方がここまで真剣に声をかけてくれている」と砂金社長はその姿勢に感銘を受け、2018年に同社へ入ることを決意。専務職を経て

ピカピカの車と礼儀正しい社員が市民の生活を支える宮城衛生環境公社

２０２２年４月には代表取締役に就任した。

良い縁が良い縁を尋ね、発展して行く様の妙なること。良い人に交わり良い結果に恵まれるという、安岡正篤師の『縁尋機妙《えんじんきみょう》 多逢聖因《たほうしょういん》』を信条とする砂金社長は、こうして宮城衛生環境公社と縁を結ぶに至ったのである。

宮城衛生環境公社は、仙台市の約半分のエリアにおける家庭ごみ収集を担当。山間部の個人宅に多い浄化槽の維持管理、市道の融雪・除雪、上下水道の維持管理に関わり、さらに大雨が降った際の対応などライフラインの一端を担う。業務だけでなくコミュニケーションにも力を入れ、地域住民に愛されている。

砂金社長が抱いた同社に対する第一印象は、「きっちり挨拶し、清潔な揃いのユニフォームを着て、車もピカピカに磨かれた上できちんと駐車されている。規律が整い、社会人としての礼儀を感じました」。これは業務内容について回る『汚い』というイメージを払拭するために、創業者である佐藤会長が提唱した方針によるものだ。

砂金社長はこれを継承した上で、〝人と社会に良い影響を与える環境をつくる。今後「あってもいい企業」は消える。「なければ困る企業」だけが勝ち残る〟という経営方針を打ち出す。

「当社は生活に不可欠な業務を行います。それだけで『あってもいい企業』です。しかし、企業というのは世間に良い影響を与えるものでなければいけません。そういう会社になり、『なければ困る企業』として持続していかなければ」

そんな勝ち残る企業であるために、砂金社長は様々な取り組みを行ってきた。

環境問題の深刻化を抑止する〝再エネ100宣言RE Action〟脱炭素、太陽光パネルの設置などの環境問題への取り組み

宮城衛生環境公社の経営は盤石な状態であったため、砂金社長は「自分は何をしたらよいだろうか」と考えた。そして、「SDGsや地球温暖化問題といった環境問題が深刻化すると直感しました」という。この直感により数々の施策を打ち出した砂金社長。まず特筆したい取り組みは、脱炭素宣言である。2020年10月に政府が宣言した二酸化炭素の排出量をゼロにし、カーボンニュートラル、脱炭素社会を目指すという取り組みは、化石燃料の枯渇や地球温暖化への対策として他国も同様に力を入れている。

同社は宮城県で初めて〝再エネ100宣言RE Action〟に参加し、一早く活動を開始。手探りの状態から始め、段々と学びを深めていった。砂金社長が専務時代から取り組んだ再生可能エネルギーを作り出す太陽光パネルは、売電ではなく自家消費のために設置。パネルの設置は同社から公道を挟んだ敷地が選ばれたが、自家消費するために公道を挟んで太陽光パネルを設置した前例はなかった。そのため、公道の使用許可・占有許可がなかなか下りず、行政とも度々話合うこととなる。

環境問題に対する理解の遅れがあり、太陽光発電イコール売電のイメージが強かったのか「金儲けのためですよね」とも言われたという。これに対し砂金社長は「売電による金儲けではなく、自社で電気を使います。世の中や環境のために太陽光発電を取り入れるのです。よく世間を見まわし

てください。ＣＯＰ（締約国会議）など世界でも話が出ている、絶対に環境問題への取り組みについて問われる日が来ます」

こうした熱弁により、行政からの理解と協力を得て道路の使用・占有許可を得るに至った。現在は、奮闘の甲斐あって本社事業所、最終処分場、２０２３年４月に竣工したエコロジーセンター愛子まで含め、１００％再生可能エネルギーで電力を賄っている。

賞の受賞など行政や世間からも高い評価を受ける太陽光パネルのリサイクルなどの更なる取り組み

エコロジーセンター愛子は太陽光パネルのリサイクルも行える施設。この竣工が決まったのも、砂金社長の慧眼によるところである。

太陽光パネルを設置した際に、砂金社長はふと「このパネルもいずれ寿命がくる。寿命がきたらどうするのだろう」と考えた。２０１２年７月から開始した再生エネルギーを固定金額で買い取るＦＩＴ制度、適用期間は一般的な家庭用太陽光パネルだと10年間だ。期間が終われば買い取り価格が大幅に下がるため、卒ＦＩＴを迎えた家庭も多い。このＦＩＴ制度適用の終了に伴い太陽光パネルの処分も増えるだろう。現在、一般的には埋め立て処分が中心だが、埋め立て地の容量も圧迫されてきており芳しい状態ではない。

「ではどうしたら良いのだろうと調べてみると、太陽光パネルもリサイクルができそうだとわかり、エコロジーセンター愛子を竣工しました」

２０２２年の再エネ１００ 宣言 RE Action シンポジウムでも登壇、
宣言通り全ての施設で再エネ１００％を実現している

設備を設置している工場に見学に行くなどの機会を設定。先を見据えての先行投資を行った。太陽光パネルのリサイクルは認知度が低いが、浸透さえすればリサイクルの動きがもっと加速するはずである。太陽光パネルやその架台の撤去について、その後に現れる裸の地山の問題についても解消に動く予定だ。

加えて、２０１９年４月からは乗用車タイプの車両を順次、電気・燃料の両方で走れるＰＨＶ（プラグインハイブリッド）へと変更。ごみ収集車には次世代バイオディーゼル燃料（サステオ）も取り入れた。公道を走る車両では東北で最初の導入である。

社内デジタル化を行ったのは働き方改革が推進される時世だ。効率良い仕事が必要となったため、全車両にタブレットを搭載した。以前は大きな地図を広げ集積所を回っていたが、タブレットで済むようになり、業務日報の提出には紙が必要なくなるなど業務効率が大幅に向上した。

様々な取り組みの結果、宮城県ストップ温暖化賞や東北地域カーボン・オフセットグランプリ、東北地域カーボン・オフセット部門では優秀賞を受賞。また、環境省の脱炭素ハンドブックにも、同社がモデルケースとして掲載された。掲載が成ったのは、行ってきた地道な取り組みと、砂金社長の行動力と判断力があってのことである。

２０２３年６月には、再エネ１００宣言ＲＥ Ａｃｔｉｏｎについての評価もあり、西村環境大臣への表敬訪問を行った。全国から訪れた5団体の代表者と報告や意見交換をするなど、宮城衛生環境公社の取り組みは東北だけに限らず、全国的な規模で評価されている。

他にも地域振興のため、広瀬川1万人プロジェクト一斉清掃へ参加するなど様々な取り組みを行う砂金社長。しかし、自らを語る言葉は至極謙虚なものだった。

「今は環境問題への取り組みを求められる時代に変わりました。その変化の先に、一歩前に踏み出したか、踏み出さないか、その違いだけ。私は誰にでもできることをやっているのです」

"社員は宝" 人間学を取り入れ社員の成長の一助に 直接意見を聞いて行う元気で長く働ける職場環境づくり

砂金社長が一歩前へと踏み出したのは環境問題についてだけではない。社員とのコミュニケーションについても同様である。まず、全社員178名と直接1on1で面談するという取り組みを実施した。社員は出社後、ごみ収集の場合は朝から車両点検の後に外へ出て、帰社するのはだいたい15時半~16時。定時を16時45分としているため、1時間程しか会社にいることがない。その中で時間を見積もり、1年間というロングスパンでの達成予定だという。

「社員は宝です。日ごろの勤務で感じることが一人ひとりあると思います、それを伺いたい。ただ風通しを良くしたいというだけでなく、話を聞いて会社の経営の中にしっかり取り入れていきたいのです。そうして皆に、元気に長く働いて欲しい」

現在、この面談によって現場の改善についてなど多くの参考になる意見が出ており、砂金社長は

静脈産業の印象向上と社員の幸せを願う
夢は宮城衛生環境公社から繋がる世界平和

その全てを役員会で共有している。社員を委縮させることなく1on1の建設的な会話を行えるのは、砂金社長の人柄によるところだろう。

また、人間学を学び、人としての成長を促す〝社内木鶏会〟を発足。木鶏会では人間学を学ぶ月刊誌『致知』を全社員に配布、成功者の人生について書かれた記事を読み人間学を学ぶ。会の最後に行う感想文の発表は、上司も部下もなく相手の良い所を見るという『美点凝視』と、二心のない状態である『素心』を胸に行う交流の場である。

「成功者も急に立派になったわけではありません。以前の姿を知り、自分に重ねて欲しい。そうして、社員には成長し、幸せになって、笑顔になって、誇りと夢を持って欲しい。当社で様々なことを学び、人として成長して欲しいのです」

社員の成長なくして、会社の成長はないと熱弁する砂金社長は、力強い表情で続けた。「まだ自分が成功者だとは言えませんが、成功体験は肌身に感じています。これまでの人生で『縁尋機妙 多逢聖因』があったからです。社員にも良い出会いと成長を経て、相互扶助の精神を持って生活して欲しいと思います」

木鶏会は、司会を始め全ての準備を砂金社長が1人で行う。企画管理部の櫻井氏は、「『やっといて』ではなくご自身で、司会や段取りなどから、全て自分で行われます。そして、『皆で一緒にやっていこう』と言うのです。そういうところも皆の心がついてくる部分の1つでしょう」と語った。人の世話役を心掛けても、報いを望み求めない砂金社長の姿勢が社員を牽引している。

宝である社員の背中に
更なる憧れが集うよう邁進を続ける

コロナ禍の巣ごもり需要で家庭ごみが急増した際には、地域住民から奮闘する収集員に感謝の手紙が送られている。「社員の励みになったと思います。これもあって会社がやっていることを社員が理解し、取り組みに対する変化も見えました」

この手紙が送られたのは、創業者である佐藤会長の意志を継ぎ、清潔感を保つことや地域住民とのコミュニケーションを大切にしてきたからこそのことだろう。

「下水、浄化槽、ごみ収集などの廃棄物を扱う業界は生活に必要なものですが、働いている人達は下に見られがちです。きつい、汚いなどの印象を持たれており、以前は社員を確保するのに凄く苦労しました。その印象を払拭し、社員の社会的な地位を向上したいのです」

また、同社のことだけに留まらず「静脈産業全体の地位を向上させたい。今までやってきたこと、これからやっていくことから、静脈産業が社会の中で役に立っているということを、世の中に意識し、認めてもらいたいのです」

それは、砂金社長が一番望むものに帰結する。社員の幸せだ。

「同じ釜の飯を食う仲間や兄弟、家族のような、社員の幸せを願う気持ちが脱炭素などに繋がりました。我々の職業から発展して、世の中の平和にも繋がっていけば良いな、と思います」

はにかみつつ「世界平和が夢」だと話す砂金社長。臆することなく社員のために環境のためにと歩み続けて縁を手繰りよせたその先は、壮大な夢の実現へと繋がっているのだろう。

President's Profile

砂金　英輝（いさご・ひでき）

1990年、東北学院大学法学部　卒業。
同年、東洋プライウッド株式会社（現：住友林業クレスト株式会社）　入社。
2005年、ソニー生命保険株式会社　入社。
2018年、株式会社宮城衛生環境公社　入社。
2022年、株式会社宮城衛生環境公社　代表取締役就任。

Corporate Information

株式会社宮城衛生環境公社

明るい衛生環境づくり
宮城衛生環境公社

所　在　地

〒989-3432　宮城県仙台市青葉区熊ケ根字野川26-6
TEL 022-393-2216　FAX 022-393-2218

設　立

1982年2月

資本金	従業員数
3,000万円	178名

事　業　内　容

一般廃棄物、産業廃棄物、特別管理産業廃棄物収集運搬
産業廃棄物最終処分（陸上埋立、安定型）、産業廃棄物中間処分（選別・破砕）
建築物飲料水貯水槽清掃業、建築物排水管清掃業
下水道管、その他配管清掃
浄化槽、汚水処理施設維持管理清掃
除雪、凍結防止作業
雑草除去作業、各種解体・土木舗装工事一式
その他の清掃業務とこれに関わる諸工事

企　業　理　念

「明るい衛生環境づくり」（茶色を緑色へ）
1．明るい衛生環境とは、一人ひとりの生活環境を衛生的に維持（清掃）する。
2．明るい衛生環境とは、暗いイメージの場所をきれいに明るくする。
それによって一人ひとりの心が明るくなり、生活環境の美化に貢献する。
3．宮城衛生環境公社は「明るい衛生環境づくり」を通じて、心を笑顔にする。
(みんなの笑顔に貢献する)

https://www.miyagi-ek.co.jp/

銅加工技術を極め、様々な顧客ニーズに対応

小ロット・短納期といえば『ハタメタルワークス』を目指して

株式会社ハタメタルワークス

代表取締役　**畑 敬三**

銅の加工の対応力なら
日本一だと仰って
いただけるように
なりたいですね

大阪府東大阪市。生駒山系の豊かな自然に囲まれたこの街は、大阪府内で3番目に多い人口を誇っている。また、日本初のラグビー専用グラウンド『花園ラグビー場』があり、『ラグビーのまち』として日本全国からファンが集う。その一方で『ものづくりのまち』としても全国的に有名だ。大小様々な規模の工場が集う高井田駅周辺の中に、ガラス張りのデザインが輝く近代的な建物が目を引く。これこそが創業80年を誇る株式会社ハタメタルワークスの新社屋だ。洗練された技術の数々で、これまで多くの顧客のニーズに応じてきた実績を持つ畑敬三代表の、銅加工に対する熱い想いに迫る。

銅加工技術で多岐に渡る顧客のニーズに対応
小ロット注文にも対応可能な生産体制が強み

ハタメタルワークスは金属加工、その中でも特に銅加工技術に特化した事業を主軸としている。銅は伝導率が高いため、鉄道車両の部品や産業用電池、配電盤といった電気機器に用いられることが多い。取り扱う加工技術の1つが『マシニング加工』。マシニングセンターと呼ばれる機械を用いて金属を切削する加工だ。電車の部品の製作や自動車のエンジン部分など、多くの産業で用いられている点において非常に需要が高い加工技術だと言えるだろう。

また、熱ではなく水を用いる『ウォータージェット加工』も可能だ。研磨剤を混ぜた水を高圧噴射することで素材を切断するこの加工法は、熱によって素材を変形させる場合よりも素材の変形を最小限に抑えられる上に、強度も落ちにくい。

他にも加工物に金型を当てた状態で圧力を加えて変形させる「プレス加工」や、配電盤、産業用電池に用いられる接続板に欠かせない「曲げ加工」、高い技術力と経験が必要となる「ロウ付け加工」など、用途に合わせて多種多様な加工法を使い分けることが出来る。

「品物が製造される過程では、『機械』と『機械を操作する人間』の2つの要素が重要となります。たとえば、同じ品物を大量生産する場合、その品質のほとんどは『機械』の質で決まります。ですが、当社は少量ロットでのご注文も多く承っておりますので、こういった場合はやはり『機械を操作する人間』の技術力が大きな決め手となります」

他企業と一線を画するハタメタルワークスの特色は、部品1つからの注文も受け付けている点だ。さらに短期間での納品を可能とする生産体制で、早急な対応を求める顧客の頼みの綱としても活躍を見せている。

顧客のあらゆるニーズに対応し得る従業員の卓越した腕前は、創業以降培ってきた技術の賜物だ。

祖父の代から引き継がれてきた銅加工の歴史
創業以来のピンチを見事な手腕で切り抜ける

そんなハタメタルワークスの原点は1910年、畑代表の祖父の代にまで遡る。

鉄道会社の資材調達の担当者と縁があった祖父は、車両用部品のブローカーとして畑鉄工を創業。畑代表の父が事業を引き継いだ頃、取引先に電池会社の大企業が加わり、電池部品も取り扱うようになる。

「しかし当時は電池部品の製造企業が少なく、取引先の要望通りに仕入れることが次第に難しくなっていきました。ならば自社でその部品を製造しよう、ということになったのです」

　こうして1988年に畑鉄工株式会社が設立され、電池部品の製造がスタートする。取引先からの定期的な注文によって安定した売上を保っていたが、その現状に大きな変化が訪れる。

「取引先が他企業と合併することになり、今までいただいていた仕事が半減してしまいました。それに伴い売り上げも約3億円から1・5億円まで落ち込んだのです。父も病で入院することとなり、当社存続のピンチを迎えました」

　父から会社を後継してほしいと話を持ち掛けられたのは、大学卒業後から勤めていた商社で充実した日々を送っていた最中のことだった。

2022年に建築された新社屋は
洗練されたデザインが目を引く

「営業の仕事にやりがいを感じていたこともあり、もともと代表を引き継ぐつもりはありませんでした。ですが、やはり父からそう告げられると、どちらの道に進むべきか非常に悩みました」

　2年にも及ぶ苦悩の末、畑代表は父の意志を引き継ぐことを決心する。事業が窮地に陥っている中、満を持しての入社だった。

　入社以降は営業の経験を活かし、あまり積極的に行ってこなかった新規取引先の開拓と生産体制の見直しに着手。その活躍ぶりが功を奏し、業績はみるみるうちにV字回復を遂げていった。2015年には3代目代表として就任。そして2022年、新社屋を建設すると共に企業名も『ハタメタルワークス』に変更。ピンチを切り抜けることが出来たばかりでなく、畑鉄工からハタメタルワークスへの新たな時代の幕開けに導いてみせた。

これまで取り組んだことのなかったマーケティングに着手 業界の動向を探り続けた結果辿り着いた「埋もれた需要」

先述の通り、小ロット、なおかつ多品種生産を可能とする生産体制がハタメタルワークスの特色の1つだ。取引先企業の合併により仕事が激減した時のことがきっかけとなり、このような生産体制を極めるに至った。

「私の入社以前は、取引先から定期的に仕事の注文をいただけるという状況だったため、新規の取引先開拓、マーケティングといった方面にはあまり力を入れていませんでした。新たなアプローチを展開していくために、まずは当社の強みが『銅加工事業である』ということを再確認するところから始まりました」

その後は、自分の得意分野を活かせる業界を中心に、潜在的な需要を探っていく。

「こうした業界分析や情報収集こそが当社を立て直す鍵となりますから、とことんやりました。そこで明らかになったのが、『多品種少量生産』、なおかつそれを『短納期』で仕入れられる製品の需要です」

『多品種少量生産』、『短納期』。この2つを必要としている業界を中心に取引先の新規開拓を試みた結果、新規取引先が急増。畑代表の読みが見事に当たった。

取引先の増加と同時進行で、生産計画や生産方法の見直しにも着手。新体制に必要な設備は全て購入し、従業員にも「『多品種少量生産を短納期で行える』ことこそが当社の強みだ」という意識改革を行った。

「以前までは同じ品物を大量生産することが多かったのですが、以降は少量生産のご注文を様々な取引先からいただく、というスタイルに移り変わっていきました。はじめの内は新しい仕事をこなすのに現場も手一杯な状況でしたが、現在は多くのご注文に対応させていただいています。取引先からの仕事が減少したあの時期のことは、今ではむしろ新たな一歩を踏み出させてくれた機会として感謝しています」

冷静さを失わず、状況把握力と分析力を最大限に発揮することが出来れば、ピンチはチャンスへと姿を変える。例え窮地に立たされていても、諦めずに常に今出来ることを模索し続ければいつかは実を結ぶのだということを畑代表は見事に体現してみせた。

短納期を実現させる秘訣は『早上がり制度』 リーマンショックをきっかけに生まれた制度で業績アップの好循環を作り出す

少量生産と並ぶもう1つの強みである『短納期』対応。このスピード感を実現させている取り組みが、『早上がり制度』だ。

「早めに業務を終えることが出来れば、就業時間内であってもその分早く帰ることができる」というこの制度。仕事を早々に切り上げてしまっては、業務が円滑に回らないように思えるが、実はこれには人間の心理を上手く利用した仕組みが隠されている。

『少しでも早く帰りたい』という気持ちがモチベーションとなり、従業員それぞれが業務の効率化を図ってくれるのです。それに伴って業務スピードが上がり、短納期のご注文もこなせるようになりましたし、新たなご注文も受けられるようになりました。このように、『早上がり制度』によって業務の質は大幅に上昇、生産性もぐっと上がりました」

上がった利益を設備投資に使い、新しい機械を導入することで更なる生産性の向上に繋げていく。数字で見ると、早上がり制度を導入して以降の15年間で、取引先は5件から150件超に増加。売上は4億円から10億円にまで増加した。一方で従業員1人あたりの就業時間は年間2800時間から1700時間と大幅にダウン。ハタメタルワークスの成長にも大きく貢献しているのが分かる。

この巧妙な制度が考案された発端について、畑代表は「2008年のリーマンショックがきっかけです」と意外な単語を口にした。「その頃はちょうど新しくなった生産体制が軌道に乗り始めた頃だったのですが、リーマンショックのあおりを受け、当社の仕事も減ってしまったのです。従業員は終業時刻に合わせるように業務しており、作業にメリハリがついていないように思えました。そこで早上がり制度を提案してみたところ、業務効率が見違える程向上したのです」

一人ひとりの高い技術力で
あらゆるニーズに対応してきた

早めに帰宅することで、従業員も次の勤務に備えてしっかりと休息が取れるため、双方にとっても良いことづくめだ。「近頃では働き方改革が積極的に推進されていますが、当社は既に15年前から改革に着手しておりました」

多くの企業にとって向かい風となったリーマンショックを逆手に取り、むしろ更なる効率化と従業員のワークライフバランスを図ることが出来たのは、やはり畑代表の柔軟な発想と的確な経営手腕によるところが大きい。同社では引き続き早上がり制度を継続すると共に、育児休暇取得の推奨など従業員にとって働きやすい環境を作り続けている。

「やはり家族あっての仕事ですし、自身の生活や幸せの実現のために業務を頑張ってほしいと考えていますから、これからも積極的に労働環境を整えていきます」

銅加工のプロを貫いてきたからこその決意
従業員、そして代表の創意工夫のもとに『銅の対応力日本一』を目指す

心機一転の新社屋建設と社名変更からまだ間もないものの、成長の勢いは留まるところを知らないハタメタルワークス。今後さらなる発展のために必要となるのは、やはり新たな人材の確保だ。

「当社では従業員それぞれが自らの力で考え、工夫出来ることを重要視しております」と畑代表。

先述の早上がり制度を鑑みても、この制度が大きな成功を収めているのは、やはり従業員一人ひとりが『どうすれば業務を効率よく進められるか』を考え、行動に移した結果だと言える。

「日々開発されていく最新技術を取り入れるのは、企業の中でも早い方だと自負しています。たとえば従業員の中には、ChatGPTを駆使してExcelのマクロを作成し、作業の自動化を試みる者もいます。このように最新技術をいち早く取り入れるのは、全ては業務効率化のためです」

こうした従業員の努力だけでなく、畑代表自身も企業を運営していくにあたり留意していることがある。

「従業員にこちらの言っていることを理解してもらいたい時、まずは自らが相手のことを理解する必要があると考えています。ですから、従業員に何かを伝える時、出来るだけ相手の気持ちも聞くようにしています」

このように、畑代表が従業員に対し積極的な対話を求めることで、一方通行ではなく双方向の密

なコミュニケーションが成り立っているのも、ハタメタルワークスの成長の一因に違いない。

因みに同社の従業員は現在20人在籍している。その内女性従業員は2人。いずれも現場ではなく事務や営業担当として活躍しているという。

「当社は銅加工を事業の主軸としているため、金属といった重量のある物の取り扱いは男性の方が向いているかもしれません。ですが、現場では女性向きとも言える、細かな作業が求められる場面も多々あるのです。ぜひ女性にも現場で活躍してもらいたいと考えています」と畑代表。

「そして、若い方にも当社で活躍してほしいと考えております。社屋のリニューアルや社名変更は若い方に『ここで働きたい』と思ってほしい、という想いも込めて行いました。社屋も広くなりましたから、より多くの仲間と働きたいです」

ますますの活躍が期待されるハタメタルワークスのこれからについて、畑代表は次のように語った。

「銅加工はニッチな分野です。他の事業に手を伸ばすというよりも、この分野をさらに深めていきたいと考えております。以前、お客様に『ハタメタルワークスさんが出来ないと言うのなら、これ以上は出来ようがありませんね』と仰っていただいたことがあります。こんな風に、銅の加工の対応力なら日本一だと仰っていただけるようになりたいですね」

そう話す畑代表の笑顔には、銅加工のプロとしてのプライドと情熱が静かに、だが確かに燃えているのが見て取れた。

全従業員が銅加工のエキスパートとして
業務に邁進する

President's Profile

畑　敬三（はた・けいぞう）

1998年、関西学院大学 卒業。
同年、蝶理株式会社 入社。
2005年、畑鉄工株式会社 入社。
2015年、畑鉄工株式会社 代表取締役就任。
2017年、株式会社ケーブレイジング 設立。
2022年、新社屋 建設、本社を移転。
同年、株式会社ケーブレイジング 合併。社名を株式会社ハタメタルワークスへ変更。

Corporate Information

株式会社ハタメタルワークス

所在地

〒577-0053　大阪府東大阪市高井田16-8
TEL 06-6783-8234　FAX 06-6783-8238

設立

1988年10月

資本金	従業員数
1,000万円	20名

事業内容

銅加工技術（マシニング加工・プレス加工・曲げ加工・タップ加工・絶縁処理・ロウ付け・メッキ処理・ウォータージェット加工・バリ取り）

株式会社ハタメタルワークスが選ばれる5つの理由

01.【短納期】
素早い対応で、スピード納品を実現
02.【小ロット可】
最小1個からOK！小口注文も歓迎
03.【高品質】
優れた銅加工技術による、確かな品質
04.【コストパフォーマンス】
経営努力を積み重ね、高い費用対効果を実現
05.【環境保全】
環境に優しい事業活動を目指して

https://www.hata-metal.co.jp/

医療機器開発・設計、各国法規制対応のスペシャリスト

オンリーワンのコンサルティングサービスを提供

mk DUO合同会社

CEO 肘井 一也

テーラーメイドと
カスタマーファーストが
当社不変のスタンスですので、
量より質を重視していく形は
これからも大事に
していきます

mk DUO合同会社

医療分野に不可欠な医療機器。その市場は日本を含め世界中で拡大傾向にあり、国内においては既存の医療機器メーカーのみならず、他業界からの新規参入も相次ぐなど、市場は活発化し、将来性が見込まれる分野として大きな注目を集めている。

一方で、いわゆる規制ビジネスとして参入障壁が高い点も特徴の1つ。人の命を扱う製品であることから、各国が定める厳しい法規制をクリアしないと参入が認められない特殊な業界である。

そんな中、医療機器の市場投入サポート、そして医療機器の開発・設計サポートを専門に行い、多くのメーカーから高い信頼を集めるコンサルティング企業がある。それがmk DUO合同会社だ。

「当社が携わらせていただいた医療機器が病院で稼働している光景に遭遇すると感慨深くなります。もちろんメーカー様のご尽力の結果ですが、今後もこうした市場参入のお手伝いをどんどんさせていただければと考えています」

こう話すのは、同社CEOの肘井一也氏。これまでの経歴から培った独自の知識・経験・ノウハウを惜しみなくクライアントに還元するコンサルティングサービスは唯一無二である。

医療機器メーカーからの相談・依頼がひっきりなしに寄せられる多くの相談が舞い込む要因は、肘井代表の異色の経歴

現在（2023年12月）60歳の肘井代表。3年前の57歳の時にmk DUO合同会社を設立。以来、セカンドオピニオンも含めて、医療機器メーカーや他業界からの相談・依頼がひっきりなしに寄せ

られる。

従業員は2人。決して規模は大きくない同社に多くの相談が舞い込むその要因は、肘井代表の経歴にある。

大学卒業後、大手医療機器メーカーに勤務した肘井代表は、そこで20年の間、医療機器の企画、開発、設計、マーケティングに加え、医師とともに手術手技の開発にも携わってきた。「メーカーの技術者として、様々な医療機器を手掛けました。こうした、医療機器を生み出すものづくりの経験が私の原点であるといえます」

その後、20年勤めた同メーカーを退職し、アメリカ系の医療機器認証機関で7年、ヨーロッパ系の医療機器認証機関で6年それぞれ勤め上げ、キャリアを構築していった。「創る側から審査する側に仕事のフィールドが変わりました。医療機器を作るメーカー側、それを審査する認証機関側それぞれの現場を長く経験できたのはとても貴重な経験になりました」

認証機関に在籍していた当時50代だった肘井代表は、次第に独立の機運を高めていく。「開発と審査両方の現場で経験を積み上げた人材が世の中にあまりいなかったこと、審査目線でメーカー側に寄り添った課題解決のサポートをしたかったこと。これらの理由から、医療機器メーカー専門のコンサルティング会社という事業プランが具体化していきました」

勤務時代の同僚、吉田緑氏とともにｍｋＤＵＯ合同会社を設立
市場参入実現のためのコンサルティングが「最大の価値が出せる所」

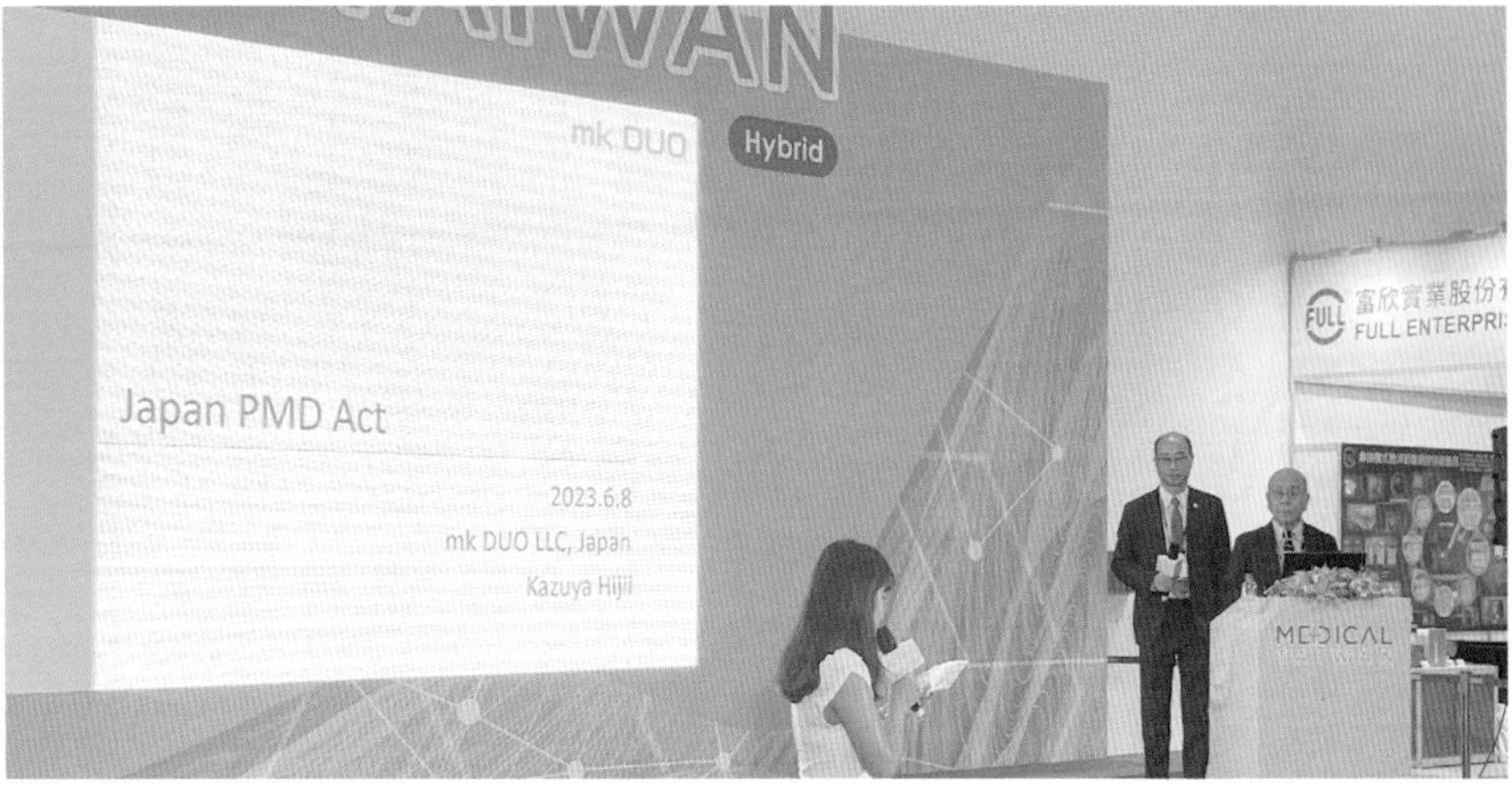

海外医療機器展示会場に併設されたセミナー会場にて、
日本の医療機器法規制について発表

独立の準備を整えた肘井代表は、2020年2月に認証機関時代の同僚で絶大な信頼関係にあった吉田緑氏とともに会社を設立。経営者として新たな一歩を踏み出した。「設立時から、勤務時代のお客様が仕事を依頼してくださり、事業をすぐに軌道に乗せることができました」と当時を振り返る。

同社では月額の顧問契約スタイルを採用し、現在（2023年12月）数十の企業と契約を結ぶ。「私と吉田で役割を分け、私が日本の医療機器メーカーの海外市場参入（アウトバウンド）を手掛け、吉田は外資系医療機器メーカーの日本市場参入（インバウンド）を手掛けています」

現在は7（アウトバウンド）対3（インバウンド）程の割合で推移しているという。「両方ともに、メーカー様が作られた製品を市場に出すにはどうすればいいか、また効率的に開発していくにはどうすればいいか。当社が行うのはいわばフレームワーク部分のコンサルティングです」

クライアントからの相談で多いのは、やはり参入障壁の部分。「この点こそ、「当社が最大の価値が出せる所」

だと肘井代表は話す。「まず日本や欧米など、国ごとに規制の内容が異なります。各国が定める規制が何を要求しているかを的確に把握し、それに対してメーカー側がどのような主張をしていくかを整理して文書にまとめる。この工程がシンプルであれば、自社でやってしまえば良いのでしょうが、規制の把握や文書の作成が非常に難解なのです。当社に相談が寄せられる所以となっている部分でもあります」

また、「規制も機器開発も生き物のように絶えず変化を繰り返している点も無視できないポイント」だとも。

「技術革新やDX推進など、医療機器は日進月歩で進化しています。今であればロボット手術やロボットリハビリ、AI内視鏡辺りは最たるものでしょう。一方で、規制内容もこれら医療機器の進化や臨床の場で起こるケースなどに応じた形で変化していきます」

「最近では、ヨーロッパの法規制がおよそ四半世紀ぶりに改変され、ヨーロッパ市場への参入ハードルは著しく厳しくなりました」

こうしたことから肘井代表は、「常に最先端の医療機器や最新の規制の動向情報を収集しておくことが非常に重要」だと話す。

各企業の想いを叶えるための〝テーラーメイド〟対応
医療機器開発に関わるあらゆる相談に応える〝カスタマーファースト〟を徹底

これまで数多くの市場参入サポートの実績を積み上げてきた肘井代表は、「私が認証機関勤務時代から関わっていた大学発のベンチャー企業様が、最先端の手術用ロボットを開発しましたが、構想から10年という歳月で、2023年春に無事市場で販売される運びとなりました。構想・開発期間が長かっただけに、とても感慨深い思いでした」と印象的な事例を挙げる。

独立以降、ものづくり側に寄り添い、各メーカー企業が抱く想いを叶えるため、一つひとつの案件に真摯に向き合ってきた。そんな肘井代表が事業を行う上で大切にしているのは、〝テーラーメイド〟と〝カスタマーファースト〟の2つ。

「絶対的な法規制がある一方、医療機器開発を行う企業様はそれぞれ規模も違えば文化や想いも異なり、これらに基づいた独自の開発コンセプトがあります。1つとして同じケースはありません。だからこそ、当社は〝テーラーメイド〟で全てのお客様に対応させていただくのです」

そして、「医療機器に関わる相談であれば、どんな相談でも断りません。もちろん限界はありますが、お客様のご要望をできる限り叶えるため、あらゆる手を尽くす〝カスタマーファースト〟のスタンスで業務を行っています。このスタンスがやがて医療従事者や患者に感謝される医療機器に繋がってゆくと信じています」と力を込める。

事業を通して「ものづくり大国日本」再興を目指す
原動力は家族と吉田緑氏の存在

モチベーションとなっているのは、「ものづくり大国日本の復活」という壮大なテーマだ。

戦後焼け野原の状態から日本経済が急速に成長し、先進国の仲間入りを果たした要因は日本のものづくりが世界をリードしていたからに他ならない。しかし1990年代辺りから次第に低迷期を迎え、今も中国や欧米に後れを取り、第4次産業革命も相まって、差は広がるばかりとなっている。「私がメーカーに勤務していた当時は、ソニーがニューヨークに本社ビルを構えるなど、日本が世界を席巻していた時代でした。当時を肌感覚で知っているだけに、今の日本のものづくり業界の現状には歯がゆい想いで一杯です」

「医療機器開発の分野に関して、世界と勝負できる優れた技術力を持つ日本企業は多数あります。私はコンサルタントという立場から、グローバルスタンダードとなるようなジャパンブランドの医療機器を生み出すお手伝いをさせていただき、日本のものづくり産業が持つ力を再び世界に認めさせたいと考えています」

「私はコンサルタントという立場から、
日本のものづくり産業が持つ力を
再び世界に認めさせたいと考えています」

こう自身の想いを話す肘井代表には、もう1つ仕事を行っていく上で大きなモチベーションがある。

それは、自身の家族と一緒に独立を果たした吉田緑氏の存在だ。「妻と娘、そしてともに独立起業を決意してくれた吉田は私にとって家族以上の存在と言っても過言ではありません。皆がこれから先もずっと幸せな人生を歩んでいって欲しいなと。これも私が仕事を行う上で原動力になっています」

医療機器メーカー向けのセミナー活動にも注力
「今後も量より質を重視した形を大切にしていきたい」

mk DUO合同会社の設立から4年目（2023年12月現在）。ここまで順調な事業運営を続けてきた肘井代表は、「独立は後ろ盾が無くなり、責任が全て自分に降りかかるなどリスクもありますが、全ての業務を自分の判断で自由に実践できる点は自分に合っていたなと。もうちょっと早く独立をしても良かったなと思う位です」と笑顔を浮かべる。

現在は、各企業にコンサルティングを行うかたわら、セミナー活動にも力を入れる。「主に医療機器メーカー様を対象としています。医療機器関連のビジネススタートのノウハウや、各国の法規制、製品開発などをテーマにお話させていただきます」

セミナーは毎回好評で、仕事の依頼に繋がるケースも多いという。また、「セミナーの準備工程で最新の情報収集を行うなどして、それが私自身知識のインプットになり、コンサルティングの質の向上にも繋がっています」とも。

経営に本業、そしてセミナーと多忙ながらも充実した日々を送る肘井代表に、改めて今後の展望を伺った。「医療機器に関わるあらゆる相談を受けさせていただいていますが、私と吉田の専門外の相談であれば連携している各パートナー企業にアウトソーシングを行うというのが今の体制です。今後、当社で対応できる業務の幅をもう少し拡大できればというのが目下の展望。そのために、新たな人材確保を検討しています」

一方で、「規模の拡大は全く考えていません」という。「テーラーメイドとカスタマーファース

医療機器メーカーに向けたセミナー活動も
好評を得ている

トが当社不変のスタンスですので、量より質を重視していく形はこれからも大事にしていきます」

医療機器の開発・設計並びに、法規制の読み取りや解釈のスペシャリストといえる稀有な存在である肘井代表。これら素人からするととても手を出せない難解なテーマを専門分野とする同氏は、「私はバリバリの理系人間」と自身を評する。「私の性格からして今の医療機器コンサルティングの仕事は天職かなと思います」と話す。

好きな言葉は、アインシュタインの〝神はサイコロを振らない（世の中の物事には全て法則性があって、それに則ってすべてが動くという考え）〟、そして〝物事はできる限りシンプルに〟。

これからも、自身の強みを活かした肘井代表にしかできないコンサルティングでクライアントに寄り添い、医療機器メーカーの未来を、そして日本のものづくり産業を力強く支えていく。

President's Profile

肘井　一也（ひじい・かずや）

20年以上、メーカーで医療機器（主に治療機器）の企画、開発、設計、各国規制、マーケティング、調達を経験。

その後、（株）UL Japanを経てDEKRA Certification Japan（株）に移り、医療機器の安全試験、規格、認証審査に携わり、日本製品の海外輸出（欧州、米国、中国、韓国、台湾、ASEAN各国）、海外製品の日本導入等をサポート。

現在は、コンサルタント会社mk DUOを起業し、医療機器の企画、開発、設計や認証機関でのサポート/審査経験を生かし、メーカーの視点から、また認証機関の視点から、医療機器に特化したコンサルティングを行う。

Corporate Information

mk DUO合同会社

mk DUO

所　在　地

〒185-0024　東京都国分寺市泉町3-35-1　メゾン・レガ南館1208
TEL 042-349-6220　FAX 042-349-6221

設　立

2020年

資本金	従業員数
400万円	2名

業　務　内　容

医療機器ビジネススタートアップ支援、医療機器開発支援
医療機器品質マネジメントシステム構築支援
医療機器各国規制対応、医療機器各種規格対応
薬機法認証/承認申請書作成支援

会　社　理　念

医療機器ビジネスでは、顧客ニーズ、技術シーズを考慮することに加えて、各国各地域で設けている法規制に対応することが要求され、その要求事項は年々高まっています。

mk DUOでは、製造業者からの視点および認証機関からの視点を交えて、医学的な有効性が高く、より安全な医療機器を早期にグローバル市場に投入することをお客様とともに達成することで、医学界に少しでも貢献します。

またお客様の要望はさまざまで、各々のお客様のニーズに応えるテーラーメイドのサービスを提供します。

https://mk-duo.com/

生鮮食品の専門店化を目指す
プロの職人集団

地元の振興も視野に個性派スーパーを構築

株式会社きむら

代表取締役 **木村 宏雄**

卸売市場を
運営することは
瀬戸内海を所有して
いるようなもの、
当社の大きな強みです

香川県や岡山県に計16店舗のスーパーマーケットを展開する株式会社きむら。「新鮮市場きむら」の屋号で、生鮮3品（鮮魚、精肉、青果）に特化した地域密着型の品揃えが特長だ。中でも鮮魚が最大の強み。各店の担当者が毎日市場へ足を運び、その日に販売する鮮魚を自ら競り落とし、仕入れてくるというこだわりようである。

寿司職人や飲食店などのプロも利用する生鮮特化型のスーパーマーケットを作り上げたのは、木村宏雄代表だ。30代半ばで脱サラし、小売業界に身を転じた異色の経営者である。妻の実家だったスーパーマーケットを引き継ぎ、一代で年商150億円を超える企業にまで育て上げた。

資金力に勝る大手チェーン店と正面から勝負しても勝てる見込みがない、ならば「どうしたら住み分けできるか?」。試行錯誤の末にたどり着いた答えが、生鮮特化型で地域に密着したスーパーマーケット業態だった。良い品を目利きできる「プロ集団、専門店の集合体」だと語る木村代表。優れた人材が同社の強みになっている。

脱サラして飛び込んだ小売業の世界に戸惑い 生き残りをかけて生鮮3品特化型の新業態を開発

木村代表は香川県で生まれ育った。物事の考え方に影響を受けたのは祖父で、やるからには一番になれ、と教え諭されていた。高校卒業後、関東の専修大学へ進学。その後、土木関連の会社に就職するが、こうした進路の選択も祖父のアドバイスが大きかったという。また親からは「人に負けるな、努力しなさい」と常日頃、声を掛けられていた。「元々、負けん気の強い人間だったこともあるのですが、自分でも良い言葉だなと思いました」と木村代表は語る。その後の人生の指針として、心の支えになったようだ。

就職先の土木会社では、会社員として日々の業務に携わり、また転勤も経験した。それなりに充実した時間を過ごしていたが、転機が訪れたのは35歳の時。海外転勤を命じられたが、会社の歯車で終わりたくないと思い、退職を決意する。

1982年、妻の実家であるスーパーマーケット「丸十木村商店」（現きむら）に入社し、小売業のキャリアがスタートした。土木とは全く畑違いの業界だったが、次第にその魅力に引きこまれていくことになる。

家業のスーパーは、品揃えも様々で特化したものもなく、駐車場もないごく平凡な店だった。そこで近所に駐車場を備えた新しい店舗を設けることにした。都市部と異なり地方では自動車が移動手段である点を考慮し、隣の田んぼを借りて、大きな駐車場を造った。当時としては珍しい取り組みだったという。「同業者からは『運動会でもするのか』とからかわれたものです」

この頃はまだ生鮮品を扱っておらず、コンビニエンスストア「モンマートきむら」の屋号で、書店を併設した業態だった。しかしフランチャイズだったこともあり、自由な運営ができない窮屈さを感じたという。

店舗経営を通じて、「これからは人の生活に直結する商品、生鮮4部門――鮮魚、精肉、青果、花き（観賞用の植物、草木）を扱わないと生き残っていけないと感じた」という。特に鮮魚、精肉、青果の主力食品が重要だと考えた。それが現在の「新鮮市場きむら」に業態転換するきっかけになった。

ゼロからの出発、知識と技術を会得する苦労の日々
自前で効率良く量をさばける体制が整う

同年、それまでのコンビニから業態を生鮮3品中心のスーパーに変更。屋号も「新鮮市場きむら」に改称した。第1号店である。資金も少なかったため、〝道の駅〟のような簡素な造りの店舗だった。

「プロ集団、専門店の集合体」と評される新鮮市場きむら

木村代表は脱サラしたばかりで、小売業は素人。しかも生鮮品を扱う知識も技術も持ち合わせていなかった。そこで毎日市場へ通い、一から生鮮食品の勉強を始める。今では笑い話だが、初めて青果市場に行った時は野菜のホウレンソウがどれか分からず、売り手に「ふざけているのか!」とどやされたこともあったという。

精肉の職人に弟子入りもした。どの業種でも、修業が厳しいのは職人の世界の常である。案の定、その指導も容赦ないものだった。「毎日、ボロカスに言われて泣きながらさばいていましたね。朝の4時に起きて、夜の7時まで働いて、本当に大変な時期でした」と当時を振り返る。鮮魚も市場へ通って勉強する日々。料理を知るため、料理学校にも通い、調理師の資格も取った。

努力の甲斐があり、次第に自前で効率良く量をさばける

体制が整えられたことで、「新鮮市場きむら」はより高い利益を取れる店舗に育っていく。青果と精肉は順調に売れたが、ハードルが高かったのが鮮魚だった。「青果と精肉が何とか軌道に乗り、ようし次は鮮魚だと思い、本格的に取り組み始めましたが、これが難しかった」

魚の水揚量が安定しないなど不確定要素が多い上、専門的な知識や技術が要求される分野で、大手スーパーでも収益化が難しいのが鮮魚だという。そこで住み分けを考え、鮮魚部を「讃高鮮魚」として独立させ、専業で強化を図ることにした。難しいからこそ、ものにすれば大手と住み分けが図れると考えたのだ。

プロフェッショナルも訪れる専門店に進化 多店舗化を進め、売上規模が10年間で10倍に急拡大

地道な取り組みは徐々に目に見える成果へと繋がっていく。地元の「業務筋」といわれる飲食店などのプロフェッショナルが次第に訪れるようになる。質と量を追求する同店の生鮮品が、プロにも認められていった。生鮮3品を強みにする「新鮮市場きむら」のノウハウはこうして蓄積されていった。一方で、市場通いで研鑽を積む中、人間関係も形成されていく。仕入先との信頼関係は、良い食材を提供してもらう際にも重要になってくるだけでなく、情報収集の面でもメリットがある。

２００１年12月には、念願の2号店、木太店をオープンする。翌年10月には、取締役だった木村氏が社長に就任。社名も現在の「きむら」に改称したほか、「讃高鮮魚」も吸収合併。苦労して育ててきた「新鮮市場きむら」がいよいよ花開き、成長期に入る体制が整った。

その後は順調に新規出店を続け、10年後の2011年には売上規模が100億円の大台に到達。2001年に10億円だった年商は10年間で10倍に急成長した。2011年12月には隣の岡山県に初出店を果たした。2015年には150億円を突破し、現在もその水準を維持し続けている。

大手スーパーとの住み分け、生き残る方法を模索する中で生み出されていった、生鮮3品に特化した店舗をつくるというアイデア。現在ではそれをさらに進化させて、各生鮮品を得意にする専門店集団になるべく、磨きをかけている。「当社はとにかく〝商品〟の質で勝負しようと考えました。大手など競合他社との住み分け策です」

現場に権限移譲、やる気とやりがいを得られる職場環境 対面販売で顧客と交流、社員の自主性が好循環を生む

同社最大の特徴は、店頭の品揃えを管轄する仕入れ担当者に権限を与え、各店で市場へ商品を仕入れに行けるような仕組みにしたことだろう。通常はバイヤーが各店共通の商品を仕入れ、パック販売で効率を追求するが、同社ではその真逆を行く。「私も経験がありますが、自分で仕入れた商品は我が子みたいなもので、愛着が湧くものです。それをお客さん相手に対面販売し、自らの判断で値付けして売っていく。当然、収益を確保しなければならないという責任はついて回りますが、大きなやりがいを感じることができるのです」

その証拠に、自主的に朝早くから市場へ赴いて仕入れなどをする熱心な社員も少なくない。「責任と十分な報酬を与えれば、若い人でも熱心に働いてくれる」と木村代表。社員の自主性がとかく

社員が自主的に市場へ赴き仕入れた、新鮮で愛着ある商品の数々

課題になることが多い組織論だが、同社ではそういった心配はなさそうである。

社員への投資は、経費や手間はかかるが、結果的に他社との差別化、住み分けになり、顧客満足にも貢献する。「市場へ行けば、色々な商品の価格や傾向も分かりますし、店頭でもお客さんに詳しく説明することができる。だから『お前たちのファンを作れ、市場へ行け』と常々言っています」

現場に任せること。口で言うのは簡単だが実行するとなるとなかなかうまく行かないものである。きむらでは、なぜうまく行ったのか？　これは木村代表の経験によるところが大きいようだ。「ゼロから始めた商売なので、仕入れの喜びと売る喜びを自ら体験することができました。素材から商品を作り上げる〝製造業〟だと思っているので、そこに携われる喜びがある。フライにするか、煮付けにするかを考え、お客さんの喜ぶ顔を想像する。社員の気持ちを汲み取ることができます。そういった私の経験が社風に反映されているのかもしれませんね」

当初は苦戦した鮮魚部門だが、今では同社が最も得意とする分野に成長した。「特に鮮魚は〝対面〟で売っていかないと、大手には勝てないと考えています。店舗の立地特性により売れ筋の魚の種類も異なりますので、各店の品揃えも同じではありません。お客さんの立場を考えた、きめ細かい接客や品揃えなどが強みになっているのでしょう」

2010年4月に業務を譲り受けた、志度鴨庄連合地方卸売市場の存在も大きい。地元でとれた魚が集まる卸売市場を運営することで、さらに様々な種類の鮮魚を扱うことが可能になった。店頭における商品の独自性や多様性を下支えする要素の1つにもなっている。「もちろん当社のメリットにもなりますが、漁師さんや地元・香川の産業を守りたい、貢献したいという想いもありました。卸売市場を所有、運営するということは、それなりに責任がありますから。しかし目の前の海、瀬戸内海を所有しているようなものですから、これは当社の大きな強みになります」

次の強化目標は「惣菜」、ライフスタイルの変化を考慮 座右の銘は〝お客さん〟を加えた「四方良し」

今後、主力の生鮮3品に加えて強化していくのは、惣菜だ。特に鮮魚を活かした煮付けなどを想定している。「今はライフスタイルが変化し、共働きが当たり前になり、惣菜のニーズも高まっています。しかし大手と似たものでは、内容や価格面で勝てません。ネタの良いお寿司や煮付けなど手作り感のある献立が必要でしょう」

2016年6月には、低温物流センター・惣菜工場が稼働。2018年3月には、瀬戸内水産加工センターが稼働した。素材から加工製品まで、自前で製造できる体制が、着実に強化されている。

木村代表の座右の銘は、「売り手良し、買い手良し、世間良し」に〝お客さん〟を加えた「四方良し」。そのために、各人がプロの集団、専門店の集合体を重視し、売りにもしている。

自らが選んだ商品と笑顔が、それぞれのファンを作り続けている

今後は、まだ進出していない県外へ新店舗を出すことが当面の目標だ。充実してきた物流や店舗のネットワークを活用し、さらなる県外への進出も目指している。

一代で年商100億円台の企業に急成長させた経営者として、同業者からの注目度が高く高評価も受けている木村代表だが、「自分としてはまだまだだと思う。褒めてもらうのは嬉しいのですが、なんだかこそばゆくて……」と謙遜する。

「人と話すことが楽しい」という木村代表。自らの足で仕入れ先を開拓し、接客を通じて顧客の信頼を得てきた経験が下地にあるからなのだろう。「世の中は人と人の鎖、助け合いで成り立っている。我々も漁師さんや仕入れ先、お客さんがいなければ商売を続けられません。会社もそうで、社員の頑張りが生きている。私自身も、過去の苦労が生かされているのかも知れません」

市場を見に行くか店回りが日課のほとんどで、「仕事がほぼ趣味」だと語る木村代表。第三者が見れば十分成功した経営者だが、本人にとっては道半ば、まだまだすることがたくさんあるようだ。持ち前のやる気と根気で、事業の拡大に邁進する代表のこれからがますます楽しみである。

President's Profile

木村　宏雄（きむら・ひろお）

1947年生まれ。
1969年3月、専修大学経済学部を卒業後、大手土木会社に就職。
1982年、35歳で同社を退職。妻の実家「丸十木村商店」（現きむら）に入社。
2002年10月、社長に就任。

Corporate Information

株式会社きむら（新鮮市場きむら）

◎地域未来牽引企業

所在地	
〒761-8074　香川県高松市太田上町1090-1 TEL 087-868-5000　FAX 087-868-5060	

設立
1963年

資本金	従業員数
5,000万円	904名（2023年10月現在）

業務内容
生鮮食品中心のスーパーマーケット

店舗一覧

○太田本部・本店	○長尾店	○まちマルシェ・きむら	○林店
○木太店	○観音寺店	○児島駅前店	○白鳥店
○国分寺店	○屋島店	○宇多津店	○福成店
○丸亀三条店	○四十瀬球場前店	○岡山大供店	○香西店

加工・物流センター

○瀬戸内水産加工センター　○青果センター　○国分寺低温物流センター（総菜工場）

https://www.skimura.jp/

〝人と人〟の繋がりを大切に営む包装資材を扱う黒子の商売

昔ながらの卸売りからネットを使った小売りまで幅広く展開

モリカワ株式会社

代表取締役　**北田 拓也**

ビジネスでなく、
人と人との関わりを
大切にしたいのです

誰かとひと時を過ごすためのコーヒーやお昼ご飯のお弁当、夕食になる魚の切り身。毎日の買い物でそれらを手に取った時に、初めに触れるのは商品自体ではなくカップや弁当箱、トレーなどの容器だろう。

そんな包装資材、商品のための商品を扱う〝黒子の商売〟を営むのがモリカワ株式会社。その3代目代表取締役が、親しみやすい雰囲気と洗練された印象を併せ持つ北田拓也氏だ。

人の力を実感した百貨店勤務時代 痛みを乗り越えて強さを得る

北田代表は大学卒業後、2017年にモリカワへ入社するまでは百貨店に勤務していた。当時は「人の100倍やらなければ人並みになれない」と寝る間を惜しんで仕事に没頭。勤勉さ故の過労に加え、ハラスメントによる強い精神的な負担もあり「気が付いたら動けなくなってしまい、3カ月間休職することになりました」という。北田代表はこの出来事を「人に殺された」と、当時の心痛を思わせる凄烈な言葉で語った。

人により酷く追い詰められた北田代表だが、「戻ろうと思った理由も人でした。『漫画の主人公はボロボロになって、死にかけて強くなるだろう。お前もそうだ』と。『待っている人がいる』と伝えられたのです」。職場を覗いてみると、「本当に待っている人がいてくれた。悲しくて、辛くて、ボロボロだけれど立ち上がってみようと、生き返るきっかけになりました」

復帰後は自分の意志を強く持って仕事に取り組み、会社の利益に繋がらなければ上からの命令でも異を唱えるようになった。その姿に誤解されることも多くなったが、気にすることなく意志を貫いたという。

この経験から心身に刻まれた座右の銘は〝No pain, no gain〟。「痛みなくして、得るものなし。僕の人生そのものの言葉です」

また、現在のモリカワを形成する信条も得ている。「人はたまに人を傷つけますが、人は人を助けることもできる。『人の力って凄いな』と実感したのです」

やりたいことができる会社にするためワンマン体質から脱却 実績を積み上げる姿で語る自分の意志で働くことの大切さ

1971年に北田代表の祖父がモリカワを創業。現会長である父へ、2022年には北田代表へとバトンを渡していった。祖父、父の時代は包装資材の卸売り事業一本、営業担当が自社便で商品を配達するという商売の在り方だった。飲食店へ卸す弁当容器などの包装資材以外にも、ゴム手袋などの衛生用品を介護施設・保育園・病院などに届けている。北田代表の入社後は、実店舗販売やネットショップによる小売り事業、コーヒーショップの経営など幅広く展開していった。

北田代表がモリカワでまず行ったのは、上司の指示に違和感があっても従うようなワンマン体質を解消することだ。

「自分の意志で仕事をしないと、やりがいは見つからず人間力も上がりません。ですから、『おかしいと思うことはやらなくて良い。やりたいことをやってくれたら、僕が責任を取る』と言い続けていました」

北田代表は当時、入社直後で実績不足。加えて社内で一番若かったためかその言葉は聞き流されていた。しかし北田代表は、独自の考えで新しい路線の顧客を次々と獲得。他のスタッフが苦戦していた部分で成功し、実力で正しさを示したのだ。北田代表はその新規顧客の獲得方法をスタッフに惜しみなく明かし信頼を得ていった。

次にネット販売、Eコマースの準備を始めた。準備期間は市場調査やマーケティングのためデスクに貼り付けになる。その様子に信頼も下がるのだが、北田代表は「半年後、1年後にはこのくらいの売り上げになるから見ていて」とスタッフに伝え、実際に目標を超える金額を売り上げた。

モリカワは神戸市東部卸売市場へ
一般客を取り入れる役割の一端を担っている

有言実行し独自路線で業績を伸ばす北田代表の姿に、自分の意志で仕事をするという考えは浸透していった。

「今では、『どう思いますか』という質問から『私はこう考えました、こういうことをやりたいです』という報告に変わりました。僕はそれに『やっていいよ』というのです」

また、社内では事務的な雰囲気を解消するために、お互いを役職ではなく名前やあだ名で呼びあうようになった。北田代表も拓也君・拓也さんと呼ばれているという。立場に関係なくスムーズに意見を出せる環境は、より良いチーム作りに繋がる。この取り組みにより活発な意見交換ができる環境に変化した。

スタッフの採用もこれまでの経験からスキルではなく、人柄を重視している。「面接では雑談しながら目線や表情などを細かくチェックし、人柄をみていきます。基準は人です」

以前は北田代表が一番若かったモリカワ。現在は21歳から58歳という幅広い年齢のスタッフが勤め、女性の比率が多くなった。「百貨店時代の経験から、女性には男性が苦手なこともできて、根性もある印象です。実際、当社でも男性が全員押されていて、僕も怒られています」そう笑いながら語る様子には、社員たちへの愛情や尊敬が見て取れる。

「手が回らなくなって来たら人を雇う時だと考えています。会社を大きくしようとは思っていませんが、結果的に今は大きくなっていますね」という北田代表。その強い意志に拡大という結果がついてきているのだ。

新たに始めた小売り事業　Eコマースでの展開
ネットでも百貨店並みのサービスを行いリピーター獲得へ

北田代表は今までにないチャネルを開拓するため、包装資材のネット販売、Eコマースを開始。

「小売り業の原則に沿い顧客管理もきっちりしないと形にはならないと考え、基礎の組み立てから始めました。軽く考えないようにネットショップではなく小売り事業と呼んでいます」

小売り事業にはリピーターの獲得が重要。Eコマースでもそれは同様で、リピーター獲得のために一般のネット販売には期待されていないような丁寧なサービスを心掛けている。たとえば、前回の注文時に領収書の発行を希望した顧客には、次の注文時に希望がなくても領収書をつける。顧客が忘れがちだが重要な部分へのサポートに、礼を言われることもあるという。

「Eコマースは百貨店に比べたらサービスの期待値が低いと思います。ですので、逆にサービスのレベルが高ければ付加価値が付くと考え、お問い合わせへのお返事1つでも百貨店レベルの対応をしているのです。現在は卸売り事業の売り上げを超えました」

このノウハウも商品とする予定だ。現在は「ネット販売をしたい」と北田代表を頼ってきた顧客に無償でターゲティングやマーケティングの順序、ネットで小売業を行うための心構えなどをコーチング。加えて、同業他社に聞かれた際も包み隠さずノウハウを教えているという。

「チームの一人ひとりがやってくれる細かいことを併せなければ売り上げは作れません。細かい色付けや味付けは会社によるところですので、全ての種明かしにはならないのです」と悪戯っぽく笑った。

昔ながらの卸売り事業がたくさんの縁を繋ぐ コーヒーショップの開業と展示会への出店

卸売り事業においては、創業以来ずっと取引が続いている企業も多い。これは、各々の顧客についた専属のセールスパートナーが築き上げていく信頼関係によるものだろう。

営業は3人。1人は北田代表の採用だが、2人は北田代表が中学生のころからモリカワに勤めている。その3人共が顧客から「彼の人柄が良いからモリカワさんから買っている」と言われる程に人柄が良く、北田代表は「素直で嘘がつけない人ばかりです」と評した。「うちが長く続けられている理由はそこだと思います。あまりビジネス色が強くないのです」

たとえば、モリカワが不得意で他社より高くなる商品がある場合、「『もっと安いところを見つけました、ここで買ってください』と正直に言います。ビジネスでなく、人と人との関わりを大切に

FORWARD COFFEE BREWERSは
様々な人と人を繋ぐ温かい場所だ

したいのです」

先代の頃は大口顧客であるスーパーマーケットにも直接商品を卸していたという。しかし、以前にスーパーの仕入れ先切り替えに伴って大打撃を受けたため、スーパーと直接の取引をすることはなくなった。

「僕も大口顧客に依存する商売はしたくありませんでした。それからは、細かくお客さんを回っており、現在は構成比が5％を超えるお客さんはいません」

直接の取引はなくなったが、スーパーに商品を卸すちりめんじゃこ屋にトレーを、青果会社にキュウリを入れる防曇袋を卸すなど、「黒子のところで商売を回しています」と関わりは続いている。

前述の北田代表が獲得した新しい方面の顧客も増えている。某ロースター有名店を始め、多くのドリンクショップと縁を結んだのだ。これにはモリカワが昔から続けている仕事が関わっている。

現在小売店は、ネットで必要な消耗品を注文することが多い。その場合、数を多く注文し単価を抑えるのが定石だ。しかし、そのやり方だと一気に納品される大量の在庫により、特に小型店はバックヤードが圧迫されてしまう。

モリカワでは、注文された商品を保管しておき、頼まれた分だけ配送するピッキングを行っている。同社にとってはずっと続けてきた仕事だが、在庫を店舗に置かなくて済むため潜在的なニーズは高く、現代の悩みに上手くフィットした形である。

こうしたコーヒーショップとの縁もあって開業した店舗もある。Ａｙａｋａ氏が店長を務めるスペシャルティー専門店〝FORWARD COFFEE BREWERS〟だ。開業にあたって某ロースター有名経営者に師事し、世界に名だたるスペシャリスト直伝の腕前で迎えるコーヒー専門店となっている。店内は明るく洗練されながらも居心地が良い雰囲気が漂う。この場所でコーヒーの香りと風味に心を傾けるひと時は何物にも代えがたいものだろう。

地域貢献も開業理由の1つ。市が神戸市東部卸売市場の課題としているのは一般客の取り入れだ。一部の有名な飲食店はあるが発信力が弱いため、同店が先頭に立てたらという考えである。市場の近隣にはカフェがないため、昼休みに周辺企業から来店する客も多い。別々で訪れた客同士で会話が始まるなど、人との繋がりから生まれた場所が新たな繋がりを生んでいる。

コーヒー繋がりとしては、2023年9月末に東京ビッグサイトで開催された全国から人が訪れるアジア最大級のイベント、SCAJ（Specialty Coffee Association of Japan）へ出店。あえてコーヒーではなく、モリカワの生業であるカップなどのパッケージを売り出す形で参加した。これまで同業の参加者が少なかったため目を付けた形だ。バリエーションの豊かさで注目を集め「思ったよりもお引き合いいただき、今も対応が追い付いていません」という。

北田代表は「レッドオーシャンではなく、人がいないブルーオーシャンの開拓が僕の癖のようなものです。失敗も多いけれど動かないよりはましです。何事も一度経験してみなければ」と語る。〝No pain, no gain〟を体現するような言葉だった。

ビジネスよりも〝人と人〟との繋がりを大切に歩み続ける全国展開でより多くの信頼関係を築きたい

北田代表は「展示会で当社のサービスは付加価値があると感じました。今までのように神戸市、大阪市などの阪神間だけに限らず全国の方に当社を使っていただき、信頼関係が生まれるようなお付き合いが増えると凄く嬉しいです」と展望を語った。売り上げよりも「モリカワを利用してもらえることに喜びを感じる」という北田代表は、より同社のサービスが周知されるよう今後も展示会へ参加する予定だ。

躍進を続ける同社だが、北田代表が語る通りビジネス然とした印象は感じられない。彼が大切にしている信条、同社のHPを開いてまず目に入る〝はじめに、人を想う〟という言葉がそんな空気を作り出しているのだろう。

「ビジネスと捉えずに、相手を人として思いやり、人として見ましょうということです。なぜこんなに押し出すかというと、僕たちのこともそう見て欲しいから。スピードや価格をHPでアピールする会社が多いと思いますが、うちは思想に寄っていると思います。極端に言えば、そこに共感してくれる、〝人と人〟としてお付き合いできる会社との取引でなければ続かないと思うのです」

北田代表は人と人との繋がりを
大切に想いながら歩み続ける

社員とも顧客とも、お互いを慮った関係を望む北田代表。

「不安もあります。でも、不安になっていても仕方がない。僕には仲間がいますし、支えてもらいながら前に進みたい」

人の想いを尊重し、人を支える道を歩むモリカワ。温かみのある黒子の商売は、これからも人に愛されて続いていくのだろうと思わされた。

President's Profile

北田　拓也（きただ・たくや）

2010年、同志社大学　卒業。
2010年、株式会社髙島屋　入社。
2017年、モリカワ株式会社　入社。
2022年、モリカワ株式会社 代表取締役　就任。

Corporate Information

モリカワ株式会社　MORIKAWA

所在地	
〒658-0023　神戸市東灘区深江浜町1-1 TEL 078-441-0220　FAX 078-413-7343	
設立	
1971年7月1日（創業1969年11月11日）	
資本金	**従業員数**
1,000万円	11名
事業内容	
包装資材卸売事業 包装資材小売事業 飲食事業 アパレル事業 小売販売企画・サポート	
Philosophy	
モリカワは「人」の力を信じ、「人」を思いやり、 「人」と支えあうココロをもって、社会に貢献します。	

https://morikawa-kobe.co.jp/

リスクから、顧客を守る楯となる

オンリーワンの組織体制で躍進する保険のスペシャリスト企業

トップ保険サービス株式会社

代表取締役社長　**野嶋 康敬**

社員自らが主体的に考え、
行動することで組織を
動かしていくのです

トップ保険サービス株式会社

『お客様が新潟県で事故を起こしたとの報せを聞き、現場へ直行いたしました』『お客様のお子様がSNS詐欺被害に遭ったため、迅速に弁護士と連携し被害金額全額を取り戻しました』

高い機動力でサービスを提供し、あらゆるリスクから顧客を守り抜く保険代理店、その名も『トップ保険サービス株式会社』。北九州市に拠点を置くこの企業は、『お客様の楯になる』を合言葉に日本全国を飛び回り、各地で事故対応を行っている。その仕事ぶりは、数多くの顧客が同社に絶大の信頼を寄せるほど。日本経営品質賞をはじめとする様々な賞の受賞もその活躍ぶりを裏付けているといえるだろう。

しかし、代表の野嶋康敬社長が先代から事業を引き継いだ時は、多額の借金により今にも倒産しかねない状況だった。そんな崖っぷちの状況から如何にして企業を成長させてきたのか。野嶋社長の個性が光る経営手腕に迫る。

多額の借金を背負いながらの法人設立
何があろうと顧客を大切にする姿勢が道を切り開く

もともとは茶道具を取り扱う企業であったが、1926年に初代社長の野島末次郎氏が副業として保険代理店を開業。

二代目社長の野島勝児氏の時代には茶道具事業を廃業し、個人事業として保険代理店「ノジマホケンサービス」を設立。当時、自動車保険の需要増という追い風もあって売上は伸び、保険対応も顧客から好評で「ノジマホケンサービス」の名は全国区に。こうして順風満帆と思われたその時、

リスクから顧客を守る使命に燃える社員一同

予想だにしない事実が発覚する。

「1994年、会社に多額の借金があったことが判明しました。総額7億5000万円にもおよびます」

借金返済のため、別の金融機関に借入金の借換を依頼したところ、条件を提示されたという。

「勤めていた保険会社を退職し、私が家業を継ぐこと。そして連帯保証人になること。この2点が条件でした。私はそれらを承諾し、法人として『トップ保険サービス』を設立しました」

法人設立後は借金返済のため、新規営業先の開拓といった業務に日夜励んでいた。しかし野嶋社長の奮闘も虚しく、借金は一向に減らない。もどかしい日々を送る中で野嶋社長は、後にトップ保険サービスの基本理念となる考えに思い至る。

「眼前の借金返済のことばかりに頭を悩ませるのではなく、まずはお客様のために今できることをやっていこう、と考えるようになりました。私が今まで仕事を続けてこられたのは、お客様に支えていただいたおかげです。その恩返しの意味も込めて、新規営業を一切ストップし、既存のお客様への事故対応に力を入れようと思いました」

事故がいつ、どこで発生するのかを予測するのは困難だ。だからこそどんな時でも顧客からの要請に応えられるようにすべきと考え、野嶋社長は会社の電話を自身の携帯電話に転送。どんな時でも保険台帳と共に携帯電話を持ち歩いていた。こうした野嶋社長の姿こそが現在のトップ保険サービスの原点だと言えるだろう。

既存顧客のために全力を注ぐ姿勢は次第に評価されるようになり、2005年には借金を完済するまでに至った。今では法人の取引先1700社、個人の顧客1万8000世帯と顧客数が増加し、実に目覚ましい急成長を遂げた。

既存顧客の対応に全力を注ぐ『食券理論』の観点 顧客満足度を高める取り組みの数々

トップ保険サービスの主な業務は先述の通り、顧客の事故対応だ。事故や災害はいつ起こるかわからないことから、事故対応は「年中無休24時間体制」で行っている。

「保険料をお支払いいただいているお客様は、言い換えるならば、先に食券をご購入いただいている状況にあります。事故や火事が起こった時に初めて、お客様はこの食券を使うことが出来ます。ですから、その時に私たちはとっておきのカレーライスを……つまり、万全の対応を提供しなければなりません。これを私は『食券理論』と呼んでおります」

また、一般的な保険代理店であれば、1人の顧客に対し1人の担当者が主な対応を行うという方法を取ることが多いが、同社は違う。

「社員同士の綿密な情報共有により、全社員がお客様のことを把握しております。ですから、ある意味で全社員が担当者といえるでしょう。お困りの際には、当社に電話を1本かけていただけさえすれば、すぐさまサポートさせていただけるようにしております」

さらに、同社は事故を未然に防ぐためのリスクマネジメントにも力を入れる。たとえば、顧客企業の工場が火災に遭ったというシミュレーションのもと、共に対応を考えたり、非常事態訓練を無償で行うといった取り組みだ。

一方、かつて野嶋社長が徹底していた『新規営業開拓禁止』は今でも継続。社員に対しても新規営業開拓のノルマ等は課していないため、既存顧客の対応により力を注ぐ体制が敷かれている。これら『顧客本位』の企業理念に則った取り組みの数々が、顧客の満足度を高めるというわけだ。

「当社ホームページにて実施した顧客満足度調査では、おかげさまで、全回答134件の内55％の割合で『期待を上回る』とのご回答をいただきました」

重視する組織開発。第一歩は社員の人格向上社員のやる気の源は『自律型組織』にあり

顧客満足度の追求など、既存顧客のサポートに全身全霊を注ぐトップ保険サービス。これを実現するために重視するのが、組織開発だ。

野嶋社長は、「当社が目指すビジョンは『日本の企業とその関係者にとって、世界一サービスのよい、頼りになる保険代理店となること』。そのために、保険に関する知識や交渉の技術をＯＪＴを通じて覚えてもらうと同時に、社員の人格向上も大切にしています」と語る。

同社が定めるクレド（企業が定める行動規範）は、思いやりの心を表す言葉である『其恕可』から始まるが、そこには社会で働く上での基礎的な内容や自身の内面の見直しを促す項目も盛り込ま

れている。また通常業務に加え、社内清掃やボランティア活動にも積極的に従事。こういった取り組みを通して社員一人ひとりの人格向上に繋げている。

さらに、社員のやる気を高めるために同社が実践しているのが、『自律型組織』の形成。

「上層部の指示に部下が従う。このような構図の組織を『管理型組織』と言います。これの対となるのが『自律型組織』です。上司からの指示をただ待つのではなく、社員自らが主体的に考え、行動することで組織を動かしていくのです」

社員同士の絆はスムーズな連携に繋がる

しかし、社員それぞれが思い通りに行動してしまうと組織が成立しない。目指すべき方向性を社員間で共有することで初めて自律型組織の形成が可能となる。

「そのためには当社の企業理念や方針をしっかり理解してもらう必要があります。先ほどのクレドも、社員間で共通の価値観を形作るための仕組みであるといえます」

トップ保険サービス流の自律型組織の特徴は、全社員が12のチームに分かれて活動している点だ。それぞれのチームが独自の方針、指標、行動目標を掲げており、各自でPDCAサイクルを回すことで会社全体が推進していく。

「たとえば『お客様大好きチーム』は、顧客満足度を上げることを目標に活動を行っています。管理職も『管理職会議』を通じて、社員に対するアドバイスの精度向上に励んでおります。このように、業務関連の分野から福利厚生まで、全社員が主体となって計画し、行動、実施しているのです」

こうしたチーム活動などを通して、会社の方針・意思決定に関わる部分をも社員に委ねる。例として挙げられるのは『TSD総選挙』だ。

「TSDとは『次の社長は誰だ!?』の略です。全社員を対象に次期社長を決定するイベントで、現社長である私に万が一の事態が起こった場合を想定したリスクマネジメントでもあります。自律型組織である以上、会社の運営に関わる判断は全員で行います」

さらに次期社長の決定だけではなく、新入社員の採用も全社員が担っている。

「当社の最終面接において、全社員から合格判定が出されて、初めて入社することが出来るのです。その代わり、全員が納得して選んだ人材ですから、入社後のサポートは万全です」

日本トップクラスを誇る会社の幸せ指数
唯一無二といえる経営方針・組織体制で様々な賞を受賞

前述の自律型組織の形成は社員の満足度アップにも大きく貢献している。

「当社の職場環境の整備等を担当する『みんな大好きチーム』の報告によると、従業員満足度調査の『あなたの人生は幸せですか?』という質問に『はい』と答えた人の割合は96%でした」

それだけでなく、株式会社商工組合中央金庫が提供している『幸せデザインサーベイ』(98項目の設問に全社員が無記名回答することで会社の幸せ指数を測定するサービス)でも好成績を示している。

「幸せデザインサーベイの分析結果によると、当社の幸せ指数は75点でした。ちなみに全体平均は55・6点です。これは全国でトップの数値です」

近頃は、従業員満足に繋がる時短勤務や休暇の増加に取り組む企業が増えているが、野嶋社長は次のような見解を述べる。

「仕事のやりがいや満足は、休暇が多いことが全てではありません。お客様や所属する組織から求められていると感じる時や、能力が上昇したと感じる際にも得られます。ですから社員の自発的な行動と成長が、モチベーションや満足度アップの鍵になるのです」

トップ保険サービスは、こうした唯一無二といえる経営方針・組織体制により、経営革新奨励賞や第12回『日本でいちばん大切にしたい会社』大賞など、いくつもの賞を受賞している。しかし、野嶋社長は、「決して賞を獲得するためにエントリーしているわけではありません」という。

「あらゆる優良企業を審査してきた経験を持つ審査員の方々に、当社を客観的に分析してもらうべく参加しています。それだけではなく、参加を通じて他企業の取り組みを学ぶことも目的です」

たとえば、会社に必要だと思うものについて意見を交換しあう『気づきシート』という取り組み。これは他企業のアイデアを参考にしたという。

他企業の強みや工夫を学ぶ謙虚な姿勢と、それを自社にも取り入れていく柔軟性も、トップ保険サービスの成長に一役買っているというわけだ。

保険代理店の枠組みを超えた取り組み『幸せ貢献企業』全力で仕事を楽しむ心が幸せを生む

顧客本位のスタンスを土台に独自の取り組みを実践し、右肩上がりの成長を続けるトップ保険サービス。野嶋社長は、「この先も、保険代理店としてお客様に安心や安全を提供し続けてまいります。社員には今後も主体的に、各々の目標に向かって励んでほしいですね」と、決意を新たにすると共に社員への信頼を語る。

野嶋社長からの期待を一身に背負う社員は今、同社を『幸せ貢献企業』にすべく奮闘している。日々の業務の中で得られる充実感を他企業にも感じてもらうため、組織形態や仕組みに関するアドバイスの提供といったサービスを構想中だ。トップ保険サービスだからこそ為せる、保険代理店という枠組みを超えた取り組みと言えるだろう。

「どの業界でも人材不足が深刻な課題となっています。これを解決するには、新たな人材が『ここで働きたい』と思ってくれるような企業作りが必要です。その手助けをするのが『幸せ貢献企業』です」

自社のみならず、他社に対しても仕事のやりがいを普及しようと奮闘する野嶋社長。働くことに対し、なぜこれほどまでの情熱を燃やし続けることが出来るのだろうか。

「初めから『楽しもう』と心に決めて取り掛かる趣味というものは、たとえ失敗しても嫌な気持ちになりません。失敗しても依然として楽しいままです。仕事もそれと同じにすればよいのです」

主体的な行動を促進する『自律型組織』で社員のやる気底上げに成功した野嶋社長。そんな社員の幸せ、顧客の幸せを存続させるために、今日も野嶋社長は奔走する。

仕事もイベントも全力で臨む心意気が重要だ

President's Profile

野嶋　康敬（のじま・やすたか）

1964年生まれ。福岡県出身。

大学卒業後、東京海上火災保険株式会社（現東京海上日動火災保険株式会社）に入社。約8年、法人営業、支店統括業務を経験。

1994年、トップ保険サービス株式会社を設立。

2002年、代表取締役社長に就任。

Corporate Information

トップ保険サービス株式会社

所　在　地	
〒802-0003　北九州市小倉北区米町1-3-1　明治安田生命北九州ビル2F TEL 093-541-7777　FAX 093-521-2282	
設　立	
1994年（創業　1926年）	
資本金	**従業員数**
1億円	27名
事　業　内　容	
保険代理業務	
企　業　理　念	
一、我々は常に、お客様から信頼され、 頼りになる最強の「楯」としてお客様をお守りします。 一、我々は「おかげさま」の心を大切に、 互いに感謝し、尊敬し、感動を生み出します。 一、関わり合うすべての人々の「よかった」を増やすことが 我々の使命と考えます。	

https://www.top-hoken.com/

愛情で天才を育む
〝七田式教育〟の伝道者

父の意志を継ぎ歩んだ波乱万丈の歴史

株式会社しちだ・教育研究所

代表取締役社長　七田　厚

独りではなく
チームを組んで
仕事ができるよう、
努めていきたいです

天才とは、努力だけでは至れない境地にいる、天性の才能を持つ者を指す言葉である。しかし、神様からの贈り物ともいわれる才能は、実は愛情が育み、親の愛が天才を育てるのだという。

島根県江津市に本拠を置く株式会社しちだ・教育研究所は幼児教育のパイオニア。代表取締役社長である七田厚氏は2代目にあたる。七田社長は「創始者である父、七田眞はカリスマ的な教育者。私は父と同じような教育者ではありませんが、最も七田眞を語れる人になろうと思ったのです」と、穏やかな口調で語った。

認めてほめて愛して天才を育てる右脳教育のメソッド 身体を資本とした健全な教育を

七田眞氏が発表した約160冊の著書の中に『認めてほめて愛して育てる』(PHP研究所)という書籍がある。このタイトルは2023年10月現在、日本に約230教室、世界17の国と地域に門戸を開き約4万人が学ぶ七田式教室の理念となった、右脳教育の基盤ともいえる言葉だ。

「右脳は愛情をベースに育ちます。お子さんに愛情が伝わると、脳幹から大脳新皮質の右脳側へ向かって通路が開き、直感的に記憶ができる脳になるのです」。教育は0歳からの開始が理想、3歳までの開始で天才が育てられるのだという。

愛情と一口に言っても、それが親の独りよがりな理想の押しつけであれば伝わらない。「『今のままの貴方で良い、存在自体が素晴らしい』というわだかまりのない環境でこそ、学習に適した脳の状態が生まれます。自ら気づき、そのように接し方を変えられるご両親には助言の必要がないくらいです」

七田式の教育では「知・徳・体」ではなく〝食育、体育、徳育、知育〟を重視。この順は若いころ七田眞氏が病で余命宣告を受けた際に食事を改善し、体を鍛え乗り越えた経験を元にしている。そして、七田社長の兄である第1子が病で夭逝した経験が基となる。「兄の死は父にとって『生涯で一番つらい経験だった』と聞いています。ですから、賢く育てても死なせてしまっては何にもならないと、初めに食育と体育、次に社会生活のための徳育、最後に知育となっているのです」

また、同社の社是は〝人を幸せにする、心のある仕事をしよう〟。社内で仕事を受け渡す際、教材を送る際に「ここまでやってくれたのか」と思われる、心が伝わる仕事をしようという考えだ。この気配りや愛を謳う理念が、同社を長く愛される会社にしたのだろう。

七田式教室の始まり第1創業　幼児教育を広め始める　七田厚社長の就任で時代の波に乗る

65年の歴史は大きく第1創業から第7創業に分かれる。

第1創業は1958年、七田眞氏による教育研究所の開所まで遡る。学生の英語教育に加え、保護者には幼児教育の大切さを広め始める。1976年には幼児教室を開校、後の礎を築いた。

第2創業は1978年。有限会社七田児童教育研究所を設立し自宅で運営を開始。1983年には英語教育に特化した東京オフィスを開設する。七田社長は東京理科大学数学科に在学中だった20歳から、この東京オフィスで仕事を手伝い始めた。次第に出勤時間は週40時間を超え、学生ながら専務取締役に就任。英語の通信教育担当になった際は、東京オフィスのOA化を進めパソコン導入も決めた。

当時の教材は、島根本社の自宅オフィスで作成した、ガリ版で刷り手作業で製本する不揃いな物。同業他社がおらず売れはしたが、「いずれ友人の子供がうちの教室に入るかもしれない。その時に不揃いな教材では嫌でしたし『中身もだけれど、外見も大事だよ』と訴えていました」

環境も教材も徐々に整えられていった1987年、S社に委託しての幼児教室全国展開を検討するに際し、七田社長も島根本社へ異動する話が出た。「それなら貴方が社長をやりなさい。数学科を出ていて数字も得意なのだから」と七田眞氏。七田社長は「経営と数学の数字はほとんど関係ありませんが、父はその時60歳近く。経営上のことは教育的見識がなくともできます。若い私が経営を担当した方が、と思い引き受けることにしました」

七田厚氏は弱冠24歳で社長へ就任、第3創業を迎える。社内の平均年齢と同じ若い社長の就任に、意見も出しやすくなり様々な要望が社員から挙がった。七田社長自身も、以前から「直すことが多い会社だ、問題がすぐに100は出る」と頭を抱えていたという。しかし「1つずつ改善していけば凄く良い会社になる」と未来も見据えていた。

七田式教育の創始者である
七田 眞氏

当時、本社はワープロが1台、納品書は全て手書きというアナログな体制。七田社長の赴任でOA化を進め、クライアントサーバーシステムなどを導入した。同時期に出版された七田眞氏の著書が大ヒット、OA化以前の体制では対応しきれなかっただろうという程に仕事が増え、売り上げは伸びた。管轄の郵便局に届く約17％の郵便物が同社宛、郵便振替の固有番号を書くだけで同社宛とわかる程の盛況ぶりだ。

1993年には自社ビルを落成、第4創業を迎える。3年後には七田眞氏著『超右脳革命』が発刊され大ヒット。同社の印象が、幼児教育から右脳開発へ換わる程の右脳開発ブームが巻き起こる。右肩上がりの業績の中、七田社長は結婚。1998年には社名を現在の株式会社しちだ・教育研究所へ変更した。

1988年の社員総会で七田眞氏が、3年後、5年後、10年後の目標を語ったことがあった。10年後の目標は年商10億円、自社ビルを建て「幼児教育といえば七田といわれる会社になりたい」というもの。この社員総会から7年で自社ビルが落成。9年後には年商10億円を達成した。

「父が夢を語った時、実は『そのくらいならできるかな』と思っていたのです。私が加わり、教室の全国展開も始めました。当時24歳、自意識が芽生えてから20年間。その半分の時間を費やせるのですから」

七田社長の代表就任から成長を続け、飛ぶ鳥を落とす勢いの同社だったが、この後初めての大きな危機を迎える。

心に太陽を、くちびるに歌を持って、初めての危機に立ち向かう乗り切るための3つの打開策

「『貴方はお父さんが耕してきた畑を刈り取っているだけ。苦労を知らない』と言われたことがありました」。その時は「苦労が来ないのだもの」と思っていたというが、悪夢は忍び寄っていた。

世の中で右脳ブームが落ち着いた頃、少子化の影響を真正面から受け、本業である幼児教育の売り上げまで落ちていった。幼児教育は3歳児を頂点とした0～6歳が対象。出生数が経営に直結す

る上に6年経てば否応なく顧客が卒業する。人材配置にも問題があり、経営難になっていった。

毎月の売り上げ不足額は月毎に増えていく。補填のため定期預金などを解約し、ポケットマネーも投入。銀行に相談した際は経営改善案の作成を求められた。「その際、一番減らせたのは私の給料です。結果、社長なのに手取りが10万円もない状態に。第3子が生まれたばかりのことでした」

ノストラダムスの大予言も取り沙汰された時代、21世紀に必要ない会社は淘汰されるとも囁かれていた。しかし七田社長は、「こんなに世の中に喜ばれる仕事をしている会社がなくなるはずがない」と自らに言い聞かせ、曰く「玉ねぎの皮をむいていくが如く」身を切って耐え忍ぶ日々を過ごした。

仕事に追われていたが、自らの子育ても疎かにはしなかった。毎日とはいかなかったが「一度家に帰り、子供達と一緒にご飯を食べ、風呂に入れ、本を読み聞かせて寝かせる。それから2回目の出勤です」

行き帰りの車の中で七田社長を励ましたのは『心に太陽を持て』。山本有三が訳したドイツの詩人、フライシュレンの詩だ。特に〝くちびるに歌を持て、軽く、ほがらかに。自分のつとめ、自分の暮らしに、よしや苦労が絶えなかろうと、いつも、くちびるに歌を持て。〟という1節は、当時の心情に重なったのだろうと思わされる。

大切な幼児期の学習で才能を引き出す

危機を打破するための施策は顧客の開拓。小学校低学年を対象にした学習プリントの制作を始めたのだ。顧客の滞留期間が6年から9年に伸び、幼児期には買い控えられていた「理科ソング」などの教材も予想外に売り上げを伸ばした。

2000年には初の海外進出、台湾で教室を開く。元来受けていたオファーを、経営危機の打開策になればと受諾した形だ。

また、視聴覚教材が少ない点に着目。子供が飽きずに聞くことができ勉強や刺激になる、童謡・クラシック、俳句など。文字ではわからない様々な鳥の鳴き声、楽器の音、そして多言語。加えて子育てのアドバイスなども収録した媒体を届けるサービスを始めた。聞くだけでよい教材は、共働き世帯が増え、親が子供と向き合う時間が減った時代のニーズと合致する。

「3つの施策の内、小学校低学年向け学習プリントと視聴覚教材が上手くいき、何とか危機を乗り切ることが出来ました」

創始者・七田眞の逝去と新たな始まり 海外展開の拡充、直接の教室運営、新社屋落成により新たな時代へ

しかし、すぐに第2の危機が訪れる。2009年、税務署による調査が開始。ほどなく七田眞氏が体調を崩し入院、七田社長も心不全で手術を受けた。新旧社長がいない状態について箝口令も敷かれる中、七田社長は病室で仕事をしつつ、焦燥感にかられる日々を過ごす。

職場復帰後、一時中止されていた税務調査が再開。その調査が終わり1週間、創始者、七田眞氏が79歳で逝去、第5創業は度重なる苦難の中に訪れた。

これに伴った経営の落ち込みを助けたのは海外展開だった。以前は赤字部門だった海外事業部だが、後に主軸となる中国、香港、オーストラリアへの普及。続いてベトナム、ラオス、イギリス、ルー

マニアへと拡大し、売り上げが伸び経営は回復した。他にも経費削減などに努め、再び訪れた危機も乗り切ることに成功する。

2017年には、30年共に歩んだS社と袂を分かつことを決断。「父と意気投合し400教室を開いてくれたのですが、トップが変わり様々な無理難題を押しつけてくるようになったのです」

金銭面の無理な要望や事後承諾の多さ、七田式教育からのズレ、悪い噂。様々な観点から事前に危機を回避するための判断だ。S社に七田式を謳った教室展開の権利を剥奪するという内容証明郵便を送り、約400教室のオーナーに今後について詳しく説明をした。結果、約半分の教室と共に、S社との離別に成功。こうして2018年に迎えた第6創業、海外教室で使用していた太陽のロゴマークを掲げる新体制〝七田式教室〟としての再出発だ。

コロナ禍も乗り越え、「2023年、江津市に新社屋を落成。第7創業を迎えました」

愛嬌のある語り口で同社の歩みを語る七田社長の言葉に、波乱万丈の社史を飾る次の1頁はどんなものになるのだろうと考えさせられた。

人に恵まれた65年。100年企業を目指して未来への橋渡し
47都道府県への展開に向けて

サブスクリプションや動画の配信など、新たな展開を続ける同社。これまでの歩みは、「人に恵まれてきました。アメリカ在住の妹は生活レベルの英語で正確に通訳し、当社と海外のオーナー、互いの事情を伝えてくれる。我が子は3人共、当社で働いてくれています。身内だけでなく父の教

2023年、江津市に完成した新社屋

え子など多くの方に支えられてきました。これから先も、独りではなくチームを組んで仕事ができるよう、信頼に足る人間でありたいです」

　地元江津市では、七田社長が商工会議所の副会頭に就任。小学生のドッジボール大会の主催や、教材がふるさと納税の主力になるなど貢献を続けている。

「鶏口牛後という言葉があるように、江津市の会社だからこそ取り上げられ、広い駐車場を持つ立派な社屋も建てられた。江津を一度離れた方も、良さを実感して戻って来てくれたら」

　また、七田社長は「目が黒い内に、次世代への橋渡しをすることが一番の課題です」と語る。自身は20年間、父と共に働いた。長男の一成氏とは「共に働きだして10年程、今は折り返し地点です。私から学び、独り立ちしていって欲しい」

　新社屋建設も未来への橋渡しの一環。他にも、七田眞氏の著書を現代に合わせてリニューアル、自身も多くの著書を出版するなど未来への財産を増やし続けている。

　夢は47都道府県全てへの教室展開。そして、100年企業の実現だ。

「100周年の時、私は95歳。少しハードルが高いですが、できることならこの目で見届けたいです」

　社員総会で夢を語った際「少しでもできると思ったのならば実現できる」と確信を得た七田社長。きっとその目で100周年を見届ける日が来るのだろう。そして、七田厚の名はその後も七田眞氏の伝道者として、また偉大な経営者として、遠い未来にわたり同社の歴史に刻まれていく。

President's Profile

七田　厚（しちだ・こう）

1963年、島根県江津市に生まれる。
修道高等学校、東京理科大学理学部数学科卒業。
1987年、しちだ・教育研究所代表取締役社長に就任。

〈著書〉

『忙しいママのための 七田式「自分で学ぶ子」の育て方』（幻冬舎）
『七田式０～６歳の週末右脳あそび』（WAVE出版）
『お父さんのための子育ての教科書』（ダイヤモンド社）
『ラクする！トクする！七田式算数教室』（サンライズパブリッシング）
『夢を叶える右脳力』（サンライズパブリッシング）　他

Corporate Information

株式会社しちだ・教育研究所

SHICHIDA

所在地

〒695-8577　島根県江津市嘉久志町2345-5
TEL 0855-52-4800　FAX 0855-54-0006

設立

1978年10月

資本金	従業員数
2,000万円	82名（2023年11月現在）

事業内容

国内・海外での七田式教室展開、
幼児・小学生向けの教育教材の研究開発・制作・通信販売、
乳幼児を持つ保護者への個別通信指導、
高齢者施設への能力向上教育指導　など

七田式教育理念

認めて・ほめて・愛して・育てる

https://www.shichida.co.jp/

家業の〝網目〟を美しく正す。
金網業界の俊英

従業員の物心両面が幸せであるよう動き続ける

株式会社イゲタ金網

代表取締役　**森 崇倫**

常にアンテナを張り、
私が率先して
当社の価値を上げる
取り組みをどんどんと
行っていきたい

東大阪市にある昔ながらの町工場の中に、美しい井桁模様の金網がきっちりと積み重ねられている。蛍光灯の明かりを白く跳ね返す様は、まるで芸術品のようだ。そんな職人が丹精込めて作る美しい金網の多くは、ひび割れ防止のためコンクリートの中へと埋められる。

「ロゴマークの井桁にも表れているように、〝たとえコンクリートに埋まってしまう金網でも、少しでも綺麗な製品を出荷しよう〟というのが当社の製造ポリシーです」

そう語るのは株式会社イゲタ金網の代表取締役である森崇倫氏。自身を「動いていないと落ち着かない〝やりたがり〟」だと評する森社長に、多忙な合間を縫って様々なお話を伺った。

品質にこだわり、一つひとつ丁寧に造られる金網製品 BtoC商品の開発で新たな販路も開拓

金網は、縦線と横線の結合方法で名称が変化する。交点を溶接した溶接金網、学校のフェンスに多い山形の列線を互いに絡ませたひし形金網、焼き肉に使われる波型の網であるクリンプ金網など、その種類は多岐に渡る。

イゲタ金網が主に製造しているのは多種多様な溶接金網、加えてひし形金網だ。コンクリートに埋められて使われるのは主に溶接金網で、土木・建設作業時などに用いられる。

森社長は、「『どうせ埋まって見えなくなるから』と、多少の曲がりや不揃いがある製品が世の中に多く出回っているのが現状です。しかし当社は、『1枚1枚丁寧に造る』ことを徹底しています」と、品質重視の姿勢を何より大切にする。

ファインメッシュを使用した
メスティンフライヤー®FLYDAY

そして、溶接金網の1種であるファインメッシュの製造も同社の特色。ファインメッシュは0・7㎜～2㎜と一般的な溶接金網の2・6㎜～6㎜より細く、土木・建設作業だけでなく工業用製品、食品関係、防鳥網など様々な用途で使用される。しかし製造を行うのは国内でわずか2社のみ。手掛ける会社が少ないのは、高額な設備機械の導入と、その設備で良品を生み出す高い技術力が必要になるためだ。

現状、ファインメッシュの国内シェアの殆どを占めるのは種類の豊富さで大きく勝る同社製品。輸入品もあるが、品質面の差があり代替品と成り得ず、余程のことがなければ同社の立ち位置が揺らぐことはない。

2022年6月には、「従業員が、製品がお客様のもとでどのように使われるか想像し易く、皆のモチベーションアップにも繋がるのではないか」と、ファインメッシュを使用した、メスティンフライヤー®〝FLYDAY〟というB to C商品の製造・販売も開始。キャンプなどで使えるシンプルだが洗練されたデザインのフライヤー。現在は3種類が発売されており、海外からも問い合わせが来る人気商品となっている。インスタグラムでの広報やイベントへの出店といった積極的なアピールも功を奏し、2023年にはグッドデザイン賞を受賞。ファインメッシュと共に東大阪ブランドとしても認定された。

森社長は「常にアンテナを張り、私が率先して当社の価値を上げる取り組みをどんどんと行っていきたい」と話す。

四面楚歌で苦労し続けた社員時代
直談判を続けイゲタ金網の社長に就任

金網製造のスペシャリストとして業界を引っ張るイゲタ金網の創業は1963年、森社長の祖父・森春二氏が興した。帝国金網株式会社の倒産に伴い、井桁のロゴマークと技術を継承してのことである。兵庫工場を設立した1984年にはファインメッシュの製造を開始。「今も当社の強みであり特徴となっているファインメッシュ導入を決めた祖父は先見の明があったのだろうと思います」

営業マンとして働いていた森社長が同社へ勤めることとなったのは、祖父が他界した折に母から「帰ってこないか」と打診を受けたためだ。2003年にイゲタ金網へ入社し1年間工場で研修。2年目からは営業担当として主にファインメッシュの販売に携わることとなる。前職の経験と類まれな行動力を活かして多くの新規顧客を開拓し実力を示した。

一方で当時のイゲタ金網は連続での赤字決算、昇給は出来ず賞与も出せないような経営状況が1〜2年続いた。従業員も、作業しながら喫煙、営業は動向が掴めず勝手に直帰しているなど統制が取れていなかった。森社長は「入ったからには会社を良くしたい」と、父に経営を改善するためのアイデアを訴えたが、ほとんど聞き入れられることはなかったという。アイデアはあるのに何もできない立場。加えて、従業員から社長である父への不満も多く、森社長も〝社長の息子〟という色眼鏡で見られ、状況は四面楚歌だった。

そんな状況を打破するため「いつか社長をやるのなら、早くやりたい」と2年間かけて父を説得。2013年5月、34歳という業界では異例の若さで社長に就任した。こうしてやっと自ら采配を振れるようになり、傾きかけた家業という網目を正しくするため、本格的な改革を始めたのだ。

「従業員のために」という気持ちの萌芽 物心両面の改革により従業員の幸せを追求する

森社長が行った改革は大きく3つ。まず、特定の仕入先から言い値で買っていた材料を、複数社からの購買にしたこと。材料価格の交渉がしやすくなり、原価低減に繋がった。2つ目は同社の特色だというのに多額の赤字を出していたファインメッシュの価格見直しだ。材料の高騰という是正の機会もあり、高額な設備と高い技術力に見合った適正な価格へ見直し、利益を生むようになった。

3つ目は、2017年に経営理念を〝社会に感動していただける仕事を通じて、全従業員とその家族が、理想に近づき自らの夢を叶えられるよう、物心両面の幸せを追及すると同時に、社会の進歩発展に貢献することを目的とする〟と定めたことだ。

「要するに、イゲタ金網は従業員とその家族を幸せにするために存在します、という理念です。物心両面の幸せとは〝物〟にあたる給与面の充実、〝心〟は文字通り精神面の安定を示します」

「以前は会社の利益ばかりを追求していました。しかし、業績が安定し、経営の勉強会へ参加する内に『ああ、違う。会社の存在意義は従業員を幸せにすることなのだ』と感じたのです」

自身の好きな言葉に「あれもこれもやるぞ」というフレーズを挙げる森社長は、従業員のための制度を次々充実させていく。

1時間から取得できる有給休暇、小さな子どもがいる家庭の時短勤務。残業も年間で平均1時間程度だ。また、毎年の昇給・賞与支給の実施。大型トラックやクレーンなどの免許取得も支援。コロナ禍では一時金やマスクの配布も行った。

更に、社内委員会として5S委員会、レクリエーション委員会、カイゼン委員会も発足。5S委員会では社内環境を良くするべく、従業員を5S（整理、整頓、清掃、清潔、躾）について学ぶ学校へ送り出している。

カイゼン委員会は社内環境改善を願う意見の受け皿。様々な意見を従業員から受け取り、その多くを改善してきた。危険な箇所についての指摘といった現場環境だけでなく、安全靴を選べるようにしたり、夏場の作業服をTシャツにしたりするなど、モチベーションアップに繋がる内容も実現した。

レクリエーション委員会では、インスタグラムに従業員の誕生日祝いや日々の様子などを投稿。夏には浴衣、ハロウィンやクリスマスには仮装して業務を行うイベントを企画し、納涼会や忘年会など多くの交流の場も設けた。以前は従業員同士の仲も悪かったという同社だが、現在はそんな様子を微塵も感じられない。

「従業員により幸せになって欲しいという気持ちでやってきました。まだ伝わっていない面もあると思うので、もっと伝えていきたいです」

こうした改革により、社長就任以来、売上や従業員数、工場の数も全て2倍になり、離職率も大幅に低下しているという。

「従業員に対しては、毎年経営計画を伝え、年2回は私自ら全員と面談を行います。個人目標と人事評価の確認に加え、一人ひとりの悩み事などを直接ヒヤリングするようにしています」

「もっと物心両面の幸せに繋がるものを従業員に提供し続け、『ここ

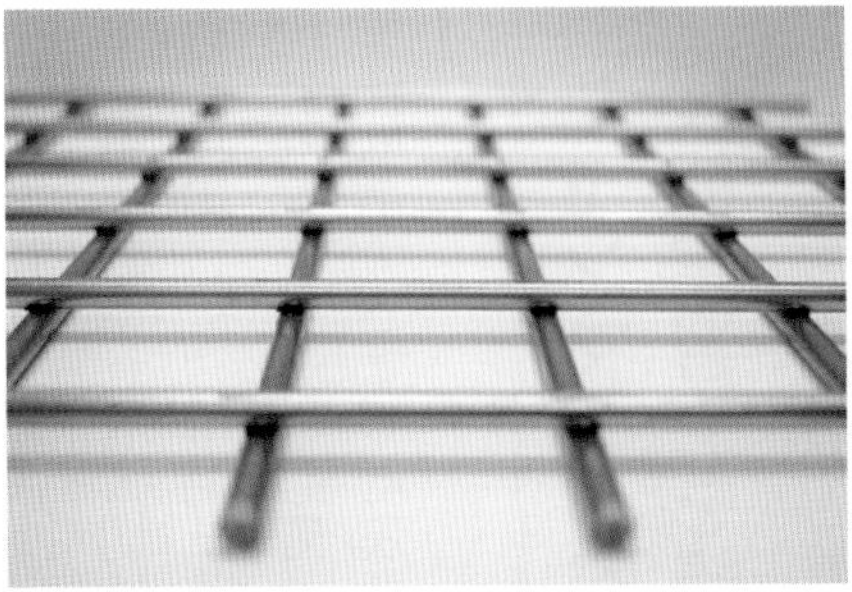

品質重視を徹底し、
丁寧に造り続けている

で働いてよかった』と言って貰えるようにしたい。理想は社内結婚と親子で勤めてもらうことです」

従業員の幸せを大切に考える森社長は、2022年に第2新卒、2023年に新卒をそれぞれ初めて採用した。「最近は年下の社員・若い社員が増えて、私自身の心持ちも少し変わってきました。会社を信じて入社してくれた人たちを幸せにするためにも、会社として成長しなければなりません。責任は重大です」と決意を新たにする。

ミャンマー、ベトナムから来た貴重な戦力
技能実習生を想ったミャンマーへの海外展開

2017年6月。森社長はベトナム人技能実習生と初めて面接を行った。

日本人との面接では「前職がブラック企業」などとネガティブな志望動機が多いが、「ベトナムの人たちの働きたい理由は『家族を楽にしたい』『将来の夢のためお金を貯めたい』といった前向きな理由。個人の幸せと仕事がイコールでもいいのだと気づかされたのです。これは前述の会社理念誕生にも影響した出来事でした」

その後ミャンマーからも従業員を迎え、現在はミャンマー人、ベトナム人合わせて13人が同社の一員となっている。

「彼らは凄く真面目で手先も器用、一生懸命で成長意欲も高く、1つ覚えたらすぐ次の仕事を学ぼうとします」

外国人従業員の気質や技量を高く評価する森社長は「戦力として素晴らしい人たちです」と全幅

の信頼を寄せる。

外国人の雇用を積極的に進めた森社長は、2019年にミャンマーへの海外展開を行った。

「日本で働く外国人従業員もいつか自国へ帰ります。その時に海外にも拠点があれば、帰国後もこちらで覚えたことを活かせるのではないかと考えました。私自身ミャンマーのことも凄く好きになっていましたし、躊躇はありませんでした」

一方で、現在のミャンマーは国内情勢が不安定。森社長は「紛争地帯に住んでおり、家を燃やされた人もいます。チャンスがあればミャンマーの人たちも日本に呼んであげたい」と話す。

日本のイゲタ金網の各工場で働くミャンマー国籍の従業員は、大半が日本語能力試験のN3、1人はN1を取得しており日本語が堪能。海外子会社との通訳も担当している。その貴重な戦力の1人に話を伺うと「先輩や社長にたくさん教えてもらいました。おかげで仕事が出来ています」と充実した表情で話をしてくれた。

従業員の幸せを願って行ってきた様々な取り組み イゲタ金網の未来を支える新たな柱づくりを

〝やりたがり〟な森社長は、町工場を盛り上げようと東大阪市で行われるイベント、〝オープンファクトリー こーばへ行こう〟へ参加。工場見学やメスティンフライヤー®〝FLYDAY〟を使ったキャンプ料理体験、レジンストラップを金網の端材で作る体験コーナーなどで地域住民や子どもにも興味を持ってもらえたらという試みだ。また、こういった取り組みがインバウンド需要にも繋がればという期待もあるという。

こうしたイベントへの参加やBtoC商品の開発、そして海外展開など、色んな取り組みを積極的に行うのは、「金網業界の今後に対する懸念もあってのこと」だと森社長。

「この10年間で当社は同業他社3社をM&Aするなどもあり、規模は著しく拡大しました。しかし、業界全体で見るとプレイヤーが減り先細りになっているということです。当社もこのままではいけませんので、もっと様々な展開をしていきたい。新たなアイデアを形にしていけるのは同社ならではの強みですから」

将来を見据えて様々な構想を練る森社長に改めて今後の展望を伺った。「日本は人が真面目で物づくりに手を抜かない凄く良い国です。しかし、現在は海外に『日本は安い国』という印象を持たれています。国内政策も中小企業に厳しい状態です。そんなネガティブな状況ですが、将来子どもたちが大人になった時に、この国が豊かで誇りを持ち続けられる国であって欲しい。当社の事業運営を通して、少しでも〝豊かな国づくり〟に貢献ができればと思います」

大きな夢を掲げる森社長だが、自身のことを「機械のスイッチも入れられず、金網も作れません。不器用な方で技術的なことはできないのです」と話す。

「私が『これ作って』と従業員にお願いしたら、『社長がまた無理を言い出した』と言ってもらえる、笑いながら話し合える関係を作ることができています。今後も従業員といろいろなことを楽しみながら、新しい事業の柱を作っていきたいです」と、笑顔を浮かべる。

物心両面の幸せが伺えるような
笑顔が溢れるイゲタ金網

President's Profile

森　崇倫（もり・たかのり）

1979年、奈良県奈良市に生まれる。
2003年、株式会社イゲタ金網に入社。
2013年、代表取締役に就任。

Corporate Information

株式会社イゲタ金網

溶接金網・ひし形金網製造メーカー
株式会社イゲタ金網

所在地	
〒577-0044　大阪府東大阪市西堤学園町1-8-9 TEL 06-6789-3661　FAX 06-6789-3673	
設立	
1963年12月	
資本金	**従業員数**
2,000万円	50名
事業内容	
溶接金網・ひし形金網製造販売	
企業理念	
社会に感動していただける仕事を通じて、全従業員とその家族が、理想に近づき自らの夢を叶えられるよう、物心両面の幸せを追及すると同時に、社会の進歩発展に貢献することを目的とする	

https://www.igeta-kanaami.co.jp/

中堅・中小企業を対象にする個性派のＩＴコンサルティング

経営ポリシーは「公正中立」、顧客との信頼関係を重視する

青山システムコンサルティング株式会社

代表取締役　野口 浩之

取締役　長谷川 智紀

Aoyama Systems Consulting
〝個〟を活かしつつ
組織力も高め、
ベストなサービスを
構築したいのです

中堅・中小企業を対象にITコンサルティングを手掛ける青山システムコンサルティング。元々は大手の監査法人の情報戦略コンサルティング部門だったが、監査業務とコンサルティングの同時提供が禁止されているなど制約や課題が多かった。そこで同部門の約半数が別会社として独立したのが始まりだ。

1995年の設立以降も、中堅・中小企業を中心にIT関連のコンサルティング業務を担ってきた。現在もクライアントは中堅・中小企業がメーンである。ITやシステムコンサルティングを専門とする会社としては、最も歴史がある会社の1つだ。

現在、同社の陣頭指揮を執るのは野口浩之代表取締役。そしてその右腕として、長谷川智紀取締役がサポートしている。数多くのコンサルティング会社がしのぎを削る現代日本でも、中堅・中小企業をメーンに据えたケースは珍しいだろう。しかもその切り口が、ITを活用した企業の改革。非常に個性的な得意分野である。

前職で人生に転機を与える人物と巡り合うトップから指名を受け、37歳で代表取締役に就任

野口代表は大学を卒業後の2001年、数百人規模のシステム開発会社に就職した。そこで後の人生に転機を与える人物と巡り合うことになる。その人こそが、青山システムコンサルティングの前代表取締役、谷垣氏だった。同氏は野口代表が在籍するシステム開発会社の取締役・システムコンサルティング部長として業務に携わっていた。

「周囲の支えや人脈に恵まれた」と謙虚に語る野口代表

システムエンジニアとして3年間の経験を積んだ後、野口代表は入社当初から面識のあった谷垣氏と一緒に仕事をするようになる。交流を通じて共感する部分もあったのだろう。その谷垣氏が率いる青山システムコンサルティングに強く心惹かれて2005年、野口代表は同社に入社する。20代半ばにして、新天地で新たなキャリアをスタートさせた。

入社当時は社員数が10人に満たず、業績と連動する報酬が安定していなかったことも影響してか、スタッフの入れ替わりは多かった。しかし野口代表はこうした厳しい環境の中、堅実にコンサルタントとしてのキャリアを積んでいく。その努力の甲斐があり、徐々に業績や顧客を増やしていく。「私自身は周囲の支えや人脈に恵まれたのだと思います。会社で手掛ける案件も増えて業績も安定していき、社員の定着率も向上していきました」と当時を振り返る。

会社が軌道に乗った30歳の頃、すでに谷垣氏から経営を引き継ぐ覚悟はできていたという。その後は現在も強みである中堅・中小企業のクライアントを中心としたコンサルタントとしての経験を積み、一方では代表の右腕としてマネジメントの一旦も担うようになっていった。

2013年に34歳で取締役に昇格。2016年には37歳で代表取締役に就任した。谷垣氏から直々に「お前が代表をやれ」と辞令を受けたのだ。現在、取締役の長谷川氏が野口代表のサポート役を務めているが、かつての谷垣氏との経営体制を彷彿する布陣である。

幅広いサービス内容、各企業に合わせオーダーメイドで対応 コスト削減、収益の向上を実現する影のサポート役

同社では、中堅・中小企業を主なクライアントにして、IT・システムコンサルティングサービスを提供している。資金も潤沢な大企業と異なり、中堅・中小企業などではIT・システムを十分に活用できておらず、生産性の上がらない事例が多いという。DXに乗り遅れている企業も少なくないようだ。こうしたIT・システムの導入や活用に悩みを持った企業に対し、適切なアドバイス、コンサルティングを提供するのが主業務である。

「IT・システムコンサルティングサービス」といっても、その提供しているサービス内容は、幅広いものだ。DXコンサルティングやITコンサルティング、システムコンサルティングを筆頭に、そのほかIT戦略策定コンサルティングやシステム診断・評価コンサルティング、ITベンダー評価・選定サービスなど、その分野は多岐にわたる。コンサルティングサービスを提供した後は、システム構築を外部のベンダー（システム開発会社）へ依頼して、業務が終了する。

共通した目的はクライアントの要望に応じ、その企業の業務効率の向上やコストの削減など、収益性

長谷川取締役は同社を「企業全体の課題解決に貢献できる会社」と考えている

の改善を実現するお手伝いをするというもの。業種や業態、取り組むべき対象は異なっても、最終的に目指すゴールは同じである。

創業当時から経営ポリシーの「公正中立」は変わっていない。「独立した組織（独自資本）であり続ける、システム開発をしない、代理店ビジネスをしない」という顧客の利益に繋がる姿勢を貫いている。他社の資本が入っている、またはシステム開発を行っている、特定の製品などを販売している場合、恣意的な利益誘導が起こりかねない。コンサルティング業務において、その企業の価値判断に影響する要素を極力、排除するという考え方だ。

業務の基本は、改善プロセスの計画を立てていくこと 経験とその積み重ねが重要になるコンサル業務

それではどういったコンサルティングの事例があるのだろう。以下にいくつか挙げてみる。ある

建築資材会社では、導入から十数年が経過したシステムが環境変化についていけず、素早い対応に限界を感じ始めていた。そこで新しい情報システムを導入して業務の効率化を図ることになった。現状のシステムの問題や課題を明確にするため、同社に依頼があったという。資料調査やヒアリングを基に、問題点とその解決法を提案した。

またある家電小売店のケースでは、買収した企業の情報システムを全社へ活用し、店舗網の拡大に繋げたいとの狙いがあった。その企業の取締役から依頼を受け、買収企業の情報システムの信頼性を調査したところ、当初思い描いていた以上にその情報システムを使った戦略の実行は難しいことが分かった。

そのほか、ある不動産会社の事例では、IT部門がなく管理部の担当者が兼任している状況だった。IT関連業務のほとんどをとある会社へアウトソーシングしていたが、もう1社の見積もりやサービス内容とを適切に判断したいという依頼が来た。

紹介した事例はごく一部だが、依頼の内容も実に幅広いことが分かる。在籍する総勢15人の社員が様々な業種や業態、依頼内容に応じてコンサルティング業務に当たっているが、経験とその積み重ねが大事な仕事でもある。

業務の基本は、「システムのライフサイクル、その企業のシステムがどんな状況にあるのかを診断して、そこからどうやって対処していくか改善のプロセスの計画を立てていく流れ」だと野口代表は説明する。各社に適した解決法、対処法、アドバイスを提供する必要があるため、信頼関係を構築した上での綿密な話し合いが重要となる。

売り込み営業なしでも依頼は絶えることなし 身近で安心感のあるコンサルティングサービスを提供し続ける

現在、同社では受注を取るための売り込み型の営業活動は基本的に行っていない。全て既存クライアントからの追加、知人・友人からの紹介、ウェブサイトの問い合わせフォームからの依頼である。30年近く積み上げてきた実績と信頼が安定した業務に繋がっているのだろうが、仕事が評価されている証拠でもあるだろう。しかし意外なことに、面と向かってお礼を言われるケースは少ないのだという。

「元々、コンサルティングの仕事は期待値が高いことも影響しているかも知れません」と長谷川取締役は説明する。そもそも青山システムコンサルティングに入社したのは、「中小企業の経営者と向き合い、部分的ではなく企業全体の課題解決に貢献できる会社に入りたかった。そういうことのできる会社だと思ったからだ」と話す長谷川氏だが、実際のコンサルティング業務の中では過去に物足りない一面もあったようだ。

「何がクライアントからの本当の評価かと言うと、継続して何度も発注してもらえること、リピートして依頼してもらえることだと思います。また、担当者が他社へ転職した先から再度依頼してくださったこともありました。そういった事実から『ああ、評価してくれていたんだな』と実感することができます」

経営ポリシーの「公正中立」に通じることになるが、野口代表もクライアントとの信頼関係の構築が重要だと考えている。経営理念には「身近で安心感のあるコンサルティングサービスを提供し続ける」という文言を掲げている。顧客の信頼を得るという基本的だが大事な要素を表わしているのだろう。

もう1つ興味深いのが、経営理念の2つ目に掲げている文章で、「最良の働く場を提供し続ける」というもの。これを掲げたのは、安定したサービスを提供し続けるには、会社を構成する社員が働く環境の整備も必要だと考えているからだ。「顧客に商品を提供する媒介になるものは社員である〝人間〟です。現場の社員が納得していない状態で業務を行っても、クライアントに満足してもらえるサービスは提供できないと考えるからです」

中小企業のネガティブな現状やイメージを払拭したい〝個〟の力を活かしつつ、組織力も高めていきたい

野口代表のモットーは「クライアントに価値を届け続けること」。経営理念の言葉と見事にシンクロしている内容だ。「中堅・中小企業だから給料が安い、労働環境が良くないという傾向は実際にありますし、世間でもそういうイメージが強いですが、それが個人的には気に食わないので……そういう先入観や既成概念を覆していきたい」と語る野口代表。自身が率いる会社も大手に負けない仕事や待遇を実現できるように日々、心掛けている。

今後の目標は、会社組織としての総合力をさらに高め、大企業にも負けない強み、サービスを提供していくことだ。長谷川取締役も「会社としてやっていくことは大きく変わりません。中堅・中小企業をクライアントの主体にすること、IT・システムのコンサルティング業務を提供していく

「公正中立」をポリシーとして、
顧客の利益に繋がる姿勢を貫き続ける

という根幹部分にはしっかり取り組んでいきたい」と言葉に力を込める。

とは言え、市場環境や顧客ニーズが変化するスピードが速いのも事実。環境変化への適用について長谷川取締役は、「起業間もない資金力に乏しい企業のコンサルティングも充分に開拓できていない分野。そういう場合は我々とその企業が一緒に成長していく必要があります。時代に合わせて、クライアントが求めるなら前例のないサービスの提供や、新しい契約形態も積極的に取り入れたいと考えています。信頼関係の構築がますます重要になってきます」と説明する。

つい先ごろ、コロナ禍で中断していた社員全員が参加する研修会を4年ぶりに再開した。以前は年に2回実施しており、社員の交流によるチームワークの向上、スキルアップなどを目的にしていた。「谷垣前代表の頃は〝個〟の力が強い会社でしたが、これからはその〝個〟を活かしつつ、組織力も高めていきたい。各社員の人となりや得意能力が分かっていた方が、クライアントに提供できるベストなサービスを構築できますから」と野口代表。中堅・中小企業をサポートする個性派コンサルティング企業、青山システムコンサルティングの成長、進歩が今後も楽しみである。

President's Profile

野口　浩之（のぐち・ひろゆき）

1978年生まれ。

慶應義塾大学経済学部を卒業後、2001年に中堅の独立系システム開発ベンダーに就職。

2005年、青山システムコンサルティングに入社。

2016年、代表取締役に就任。

長谷川　智紀（はせがわ・とものり）

1982年生まれ。

筑波大学大学院を卒業。

外資系コンサルティング会社に入社。

2007年、大手アパレル企業に入社。

2012年、青山システムコンサルティングに入社。

2023年、取締役に就任。

Corporate Information

青山システムコンサルティング株式会社

所在地	
〒162-0833　東京都新宿区箪笥町34　VORT神楽坂Ⅰ 9F TEL 03-3513-7830	
設立	
1995年	
資本金	**従業員数**
1,000万円	15名（非常勤取締役を除く）
事業内容	
DXコンサルティング ITコンサルティング / システムコンサルティング IT戦略策定コンサルティング ITシステム診断・評価コンサルティング ITベンダー評価・選定サービス RFP作成コンサルティング プロジェクトマネジメント IT顧問・ITシステムアドバイザリーサービス システム監査	

https://www.asckk.co.jp/

農業が根幹にある分散型社会を作り
個人農家にも陽が差す世界へ

7毛作の水耕栽培技術にDXを掛け合わせて、農業を刷新する起爆剤に

株式会社Agrisus《アグリサス》

取締役 尾上 文啓　代表取締役 江川 且起

農業を広め
耕作放棄地をなくしたいと、
心から思います

青空の下、陽が差す方へと瑞々しい野菜が葉を伸ばす。日本で昔から愛されてきた生活の糧を育てる風景は、農家の高齢化などに伴い失われつつある。

そんな農業の現状に危機感を覚え、株式会社Agrisus（旧 株式会社三ツ星ファーム）の創業者である取締役 尾上文啓氏と、代表取締役 江川且起氏は手を結んだ。2024年1月1日、農業を意味する〝agriculture〟と持続可能を意味する〝sustainable〟から取って社名を新たにした同社の両名に、これまでの歩みと今後の展望についてお話を伺った。

清掃業から得た水と微生物の知識を活かした水耕栽培 現場で取り組んだ研究の成果が実を結ぶ

和歌山県橋本市で生まれ育った尾上取締役。農業に携わることになったきっかけは、本業である清掃業で培ったことだった。

「油を排水溝へ流さないよう設置されているグリーストラップも、付着している油は結局洗い流します。そういう『排水が環境に悪いな』とエコについて考え、農業大学の教授といった様々な有識者に話を聞きに行きました」

尾上取締役はそんな日々を過ごす内に、自然と水や汚れを分解する微生物について詳しくなり、汚れの分解を担う微生物の活性化方法などを研究。有名飲食店にも採用された清掃用具も開発した。

2013年には、大阪で水耕栽培を行うアメリカ人に、栽培に使う水について相談を受ける。その際に水耕栽培を初めて見た尾上取締役は「自分なら独自のものができると考え、水耕栽培を始めることにしました」

1年間は個人事業主として活動。ビニールハウスの建設や微生物の研究に多くの時間と私費を投じ、

瑞々しく美しい、水耕栽培で育てられた
三ツ星級のレタスが整然と並ぶ

2015年にAgrisusの前身である三ツ星ファームを立ち上げた。

水耕栽培とは、土に植えず水や液体肥料を使って野菜を育てる栽培方法。土耕栽培よりも小さなスペース、早いペースで収穫が可能だ。同社はポンプを使い水と液体肥料を循環させる流動法、中でも根の先を水・液体肥料に浸す薄膜水耕、NFT（Nutrient Film Technique）を採用した。チャンネル栽培で、18本のレタスが植えられた44ベットのレーンを移動させながら育成。1カ所で育て続けるプール式に比べ約1・4倍の量を安定して収穫する、工業的な農業を行っている。有機栽培は難しいが、尾上取締役が研究を重ね造り上げた独自の液体肥料により、化学肥料は一般的な水耕栽培の半分以下となった。肥料濃度を表すEC値は一般的に1・2程度だというが、同社の野菜は0・4と3分の1程。専門家に、実物を見るまでは「この値では野菜はできない」と否定されるほど革新的な技術を、尾上取締役は約7年かけて練り上げた。

「血液にご飯は流れません。ご飯を細菌や微生物が砕いてイオン化したものを、小腸から吸収することで血液になります。それと同じ考え方を水耕栽培に取り入れたのです」

また、土耕栽培では地表から30㎝以下の温度が一定になるため微生物が移動しやすいが、水耕栽培は気温に左右される。発祥地である海外とは気候が違う日本で、微生物にとって安定した環境を作るのは非常に難しい。しかし、尾上取締役は日本の気候にも対応できるような環境を作り上げた。

「人間も気温差があれば辛いでしょう。微生物も昼は30度、夜は15度となれば生きていくのに必死です。微生物の安定化があってこそ、肥料を綺麗に消化しますから」

江川代表は「微生物は無限の組み合わせがあり専門家も音を上げていた分野。普通はとても7年で出来ることではありません。微生物の相性を本当に理解している、水耕馬鹿ですよ」と、尾上取締役への尊敬と驚嘆が溢れる声で話した。

地域で親しまれる安全で美味しい野菜
クラフトビールで地域を活性化

現在同社では三ツ星級の優しい野菜〝優菜〟と称する、ロメインレタス、ルビーレタス、グリーンレタス、グリーンオークレタスの４種類を栽培。世界で最も安全基準が厳しいカナダのＧＬＯＢＡＬＧ．Ａ．Ｐ．を取得し高い安全性を証明している。加えて、栄養価も基準値の2・5倍。シャキッとした瑞々しい食感で、ドレッシングなど不要なほど苦みも少ない。地元住民に「うちの子は尾上さんの野菜じゃないと食べない」と言われる程の絶品だ。

また尾上取締役は、高野山へ来ないと飲めないクラフトビール〝天空般若〟の製造にも関わった。ホップを作るのに最適の環境である高野山。そこでホップの栽培から行い、熱意を込めて作られたビールの味が素晴らしいものであることは想像に難くないだろう。現在はふるさと納税やＥＣサイトなどでも入手可能になったが、これも天空般若を求める声に応えてのことだ。

「地域と農業の活性化が根本にあります。元々ビールを売りたくて作ったのではなく、地域を盛り上げるため、ビールという手法を使って農業を活性化させたくて始めました」

各首長とも町づくりのビジョンについて話し合うという尾上取締役。江川代表によると「どこに行っても尾上だとバレます」というほど地域住民に親しまれている。これも、尾上取締役が地元を愛し、活性化しようと動き続けているからのことだろう。

分散型農業の成立に向けて農業の抜本的改革を
個人農家が作ったものが100%評価されることを目指して

自らも研究畑に居たが「微生物の分野は苦手でした」という江川代表は、尾上取締役が現場で嬉しそうに学ぶ姿と、独力で身に着けたその技術力に感銘を受けたという。

『『貴方の技術は100%評価されなければいけない』というのが初めの口説き文句です。日本では尾上の技術と努力の全てを正当に評価されず、100%受けるべき評価が10%になってしまう。それはいけません。それに、僕は農業のプロではありませんが、これまで培ってきた人脈や技術がある。僕と尾上が組めば、凄いことができるのではないかと思ったのです」

両名共に農業の衰退に危機感も抱いていたこともあり、「農業を振興するための抜本的な改革を行う」という方針を共有。江川代表は同社へ加わり、2022年8月に代表取締役へ就任した。

同社が農業振興のために提唱するのが、〝農業で分散型社会を作る〟。曰く、〝分散型農業〟を行うことだ。戦後から特定個人や機関が決定権を持つ中央集権的な農業が慣習的に続いているが、これを「抜本的に変えなければならない」と江川代表は主張する。分散型は参加者各々が決定権を持ち自由度が高く、現代ではネット決済により個人間のビジネスが行いやすくなったこともあり利点が大きい。そのため、農家の努力がもっと正しく評価されるような、新たな仕組みによるコミュニティ作りも始動したところだ。

「負けを見ていた個人農家さん達が手を取り合えば、新しい価値と価値の交換ができる。そうして経済圏が生まれたら、分散型社会が成立されます。農家は世の中にまだまだ提供できる潜在的価値がありま す。たとえば、有名レストランで用いる食材の提供元として紹介される農家。その流れの逆をするのです。農家がファンを創り、農作物を提供しているレストランに案内することで、お客様を誘導する。これを正確に評価出来る仕組みも構想しています。つまり農家は広告業も取り入れることが可能なのです」

これは、江川代表が考えている農業の新しいキャッシュポイントの1つに過ぎない。分散型農業が実現していく過程には、より多くの業種が複雑かつ有機的に絡み合うことをイメージしている。

尾上取締役が作った特製の液体肥料やリング型ウェアラブルデバイスの支給、経済圏・出口戦略の作成に加え、売買先も斡旋。不当に搾取されないようサポートも行うという。江川代表は「特に小規模な農家さんは、勝手に値段を決められても右から左に進めてしまう方が多いと思います。それでは絶対にいけません」と語る。農家の努力が正当に評価されて欲しいという強い想いが溢れ出るようだった。

このような分散型の仕組みが実現されれば、中央集権の存在意義も増すことが想像できる。中央集権が無くなっても社会は成立しない。大事なのは両者のバランスとそれぞれが存在意義を追究し続ける姿勢ではないだろうか。

スタッフの健康を想って導入したリング型ウェアラブルデバイス
身体的健康と経済的健康の向上が期待できる〝ＴｗｏｏＣａ Ｒｉｎｇ〟

農業推進に賛同する同社の特別顧問柴田秀樹氏が代表取締役を務める、株式会社Ｋｏｒｔ Ｖａｌｕｔａが開発した『世界初Ｖｉｓａのタッチ決済に対応した健康管理機能付きリング型ウェアラブルデバイス』〝ＴｗｏｏＣａ Ｒｉｎｇ〟。着用すれば睡眠時間や体温、心拍数などから健康指数を測ることができるこのデバイスを、同社は農業業界で初めて導入した。

農業への導入による利点は様々。まず、スタッフの健康維持・管理が可能なことだ。山麓部での農作業中の状態や、高齢な農家の健康状態を遠方から知ることもできる。また、少子高齢化が進む日本では、海外の人材に頼る必要性も増えて来る。その際、ＴｗｏｏＣａ Ｒｉｎｇを用いれば母国の家族と健康状態を共有でき、安心して日本で就労ができる環境整備にも繋がるのだ。

尾上取締役は「外面上元気そうなスタッフを、健康指数によって休ませることもできます。農作物だけが安心安全ではなくて、作っている方も安心安全。身体も健康でないと」とスタッフを慮った。

経済面においては「長期間のデータを蓄積することでスコアリング。金融資産のローンが下り、保険料も安くなるようAIが提案してくれるようになります。こちらが提案すれば資産の管理・運用といった、日本人が苦手なマネーヘルスの管理も可能です」と江川代表。「〝農業×何か〟というのをやっていきたい。先程も触れた広告やその他物流などいろいろな構想がありますが、農業×決済もその1つです」

レタスとの対比で際立つユニークさ
分散型農業の象徴〝TwooCa Ring〟

更に、2023年11月24日付で株式会社Kort Valutaは、「資金決済に関する法律」に基づく資金移動業の登録を完了。益々、農業×決済に関する構想に期待が膨らむ。

また、「1億円のお客様が1人と、100万円のお客様が100人では、今までは前者を選んでいました。しかし、現在のテクノロジーがあればどちらもコストは変わりません」という。ネット上の集金システムが確立し手数料もかからなくなった昨今では、1人の顧客に頼りきりにならない分、後者のメリットが大きい場合すらあるだろう。

加えて、江川代表はこう語る。「キャッシュカードを持っていても、地球がピンチになった時にご飯は食べられません。そういう時は食材に価値がでてきます。それは誰も否定できないと思うのです。分散型社会をそんな一次産業で広げていくことに価値がある。農業を活気付け、収益が取れるかっこよく楽しいと思われる農業を作りたいです」

地元橋本市から地元地球へ、目まぐるしく進化する時代の先へ向かって農業があらゆる分野に溶け込んでいる世界を目指し、畑に輝きを取り戻す

「ＡＩが更に進化したＡＧＩ（汎用人工知能）では、山の中にある1本の林檎の木がこれからどれだけ利益を生むかを計算できる可能性を秘めている。少なくとも、更に少し先の未来に待ち構えているＡＳＩ（人工超知能）では十分可能な領域でしょう」と江川代表はいう。「言葉遊びのようになりますが、非代替性トークンＮＦＴ（ｎｏｎ－ｆｕｎｇｉｂｌｅ ｔｏｋｅｎ）を使い、ＮＦＴ（薄膜水耕）で作ったレタスを売ることもできる。また、5年分のレタス収穫量を計算し、先に取引するということも可能になります」

米・サンフランシスコでは運転手不在のタクシーが乗客を乗せて走っており、日本でもそう遠くないうちにそんなテクノロジーに触れる日が来るという。

「その時、運転手不在の乗り物に人間が乗るのは怖くても、レタスが乗るのなら倫理的に少し冒険できるでしょう。先に農業へその技術が来ると思うのです」

ＡＩで動くトラックは現時点で存在し、「人件費もかからず安全となれば、農業に必要となってきます」と江川代表は断言した。

「人も乗るようになればＴｗｏｏＣａ Ｒｉｎｇなどを用いたタッチ決済といったストレスフリーな手段を使って課金し、サブスクリプションを楽しむこともできるでしょう。これを想定した乗り物が世に出てくるはずです。これは農業としてできることの4手先の話ですが、1歩でも先へ踏み出した時には、

新しいサービスができる。そこに農業は必須なのです」

江川代表は、同社がある地元橋本市から農業のDX化を進め「橋本市を分散型農業の見本にしたい」と語った。「高野山は世界的に有名です。スマホを使えない高齢者でも参入できる方法もありますし、見た目は歴史を感じるものだとしても中身は最新の都市を作りたい。そしてゆくゆくは、地元を橋本から地元和歌山へ。そして地元を日本、地球へと広げていきたいです」

尾上取締役は展望について、「関東でいえば、水戸は東京の台所と言われています。橋本も大阪の台所と言われるような場所にしていきたい」という。

「水耕栽培だけでなく、農業自体を広めたい。農業は大変だという印象があり、実際に大変です。しかし、品種によっては兼業農家でも作れるものもありますので、そういったものを広めていきたいのです。そうして、耕作放棄地をなくしたいと、心から思います」

そう語る声は落ち着いていたが、強い意志が感じられた。

「ご先祖がずっと守ってきた畑があって、我々の歴史は続いてきました。だというのに、農業離れというのはおかしいではないですか。兼業でも良い、売らなくても良いので、農業に携わることが普通であってほしい。以前は家の横に畑があるのが当たり前でした。そういう風景を復活していけたら良い。畑を持っているということには、もっと付加価値があって然るべきだと思います」

その光景が実現する時には、Ａｇｕｒｉｓｕｓの江川代表と尾上取締役の強い想いと技術力が中心にあるだろうと、確信させられるようだった。

陽が差すような眩しい笑顔で
農業を振興していく

President's Profile

江川　且起（えかわ・かつき）

1984年、和歌山県有田市に生まれる。2013年、静岡県立大学大学院薬学研究科　修了。

2013年、健栄製薬株式会社 入社。2015年、健栄製薬株式会社 退社。

2017年、株式会社 KAN-SEI 起業。2022年、株式会社 KAN-SEI 休眠。

同年、株式会社三ツ星ファーム　代表取締役就任。

2024年、社名を株式会社三ツ星ファームから株式会社 Agrisus へと改める。

尾上　文啓（おのうえ・ふみひろ）

1978年、和歌山県橋本市に生まれる。1997年、紀北工業高校化学工学科　卒業。

2002年、清掃会社設立。2010年、清掃会社を法人化し株式会社 OBM を設立。

2013年、大阪で水耕栽培と出会う。2014年、農業従事者認定取得。

2015年、法人化して株式会社三ツ星ファーム設立。2018年、GLOBAL.G.A.P 認定を取得。

2019年、高野山限定クラフトビール「天空般若」販売開始。

2022年、高野山麓菌体資材　有機 JAS 資材リスト登録。

同年、株式会社三ツ星ファーム 取締役就任。

Corporate Information

株式会社 Agrisus（アグリサス）

Agrisus

所　在　地

〈本　　店〉〒649-7203　和歌山県橋本市高野口町名古曽 180-3
TEL 0736-25-7000　FAX 0736-25-6575
〈東京営業所〉〒184-0012　東京都小金井市中町 3-9-10　Costa5F

設　立	資本金	従業員数
2015年	100万円	9名

事　業　内　容

水耕栽培、ホップ栽培、クラフトビール「天空般若」販売、
特殊肥料「高野山麓菌体資材」製造販売、その他農産物販売

代　表　メ　ッ　セ　ー　ジ

汗を流して誠実に働いた人がキチンと評価されることが実現された環境では、不満や争いは起きないと思います。日本の農業の分野はもっと評価されるべきと強く感じたことが、私がこの世界に飛び込んだ動機の一つです。IT テクノロジーが大きく飛躍する瞬間に我々は直面していると思います。分散型社会の実装が実現した場合、それに伴い起こる変化は、人類史上で最も大きな変化となり得るでしょう。この大きな変化の波をしっかり読み、乗ることができればその事業は大きく成長するでしょう。私はそれを農業の分野で実現したい。一人でも多くの、一社でも多くの共感してくださる仲間を求めています。新しい農業の世界観を一緒に創りたいと少しでも感じてくださった方はお気軽にお問い合わせください。将来なりたい職業ランキング一位に農家（ファーマー）がランクインすることを目指して。

https://higasasu-farm.com/

社会で活躍するために、女性としての人生を犠牲にする必要はない

あらゆる可能性を実りある未来へと導く『人間行動学』

株式会社 GSE コンサルティンググループ

代表取締役　**北原 万紀**

共創を根底とした教育を通じ、世界規模で社会変革、そして未来作りを行っていく。これこそが私達GSEの存在意義です

『ライフイベント』は、人が生きていく上で避けては通れない。特に女性にとって、結婚や出産は人生に大きな影響を与える。

また、近年では社会における女性の活躍に注目が集まっており、女性で起業する人も珍しくない。しかしその一方で、キャリアアップとライフイベントとの折り合いに悩む女性が多いという現状がある。

株式会社GSEコンサルティンググループの代表を務める北原万紀氏も、そんな女性の1人だった。大学卒業後、8年半勤めた企業を退職し、結婚、不妊、離婚、そして挫折を経験。『人生に失敗した』と塞ぎ込む日々の中、行く先の道筋を指し示したのが『人間行動学』だった。そこには女性をはじめ、あらゆる人が自分の望む人生を歩んでいくためのヒントが詰まっている。女性として生きていく上で数々の課題に立ち向かってきた半生と共に、北原代表が見出した自己実現のメソッドに迫る。

女性がキャリアとプライベートを両立させる難しさ 挫折の中でも自己研鑽を続け、遂に掴んだ私らしい幸せと成功の形

佐賀県で生まれた北原代表。都会住まいの経験があった父親は「これからの日本は、男性だけでなく女性も働き、自身の人生を構築していくべきだ」と、先進的な考えを持っていた。

そんな父の教育の甲斐もあり、北原代表は北九州市立大学国際関係学科に入学。卒業後「海外と接点を持ち、国際的に働きたい」という想いから外資系企業の日本支社に就職した。

「業界シェア率2位の大企業ということもあり、貴重な社会経験をさせていただきました」と北原代表。

その一方、「日本支社は男性社会で、出産で出世の機会を失う女性の先輩もいました。当時、社内結婚をしていた私自身も、仕事とプライベートの両立に非常に悩みました」

結局、北原代表は退職を選択し、夫とも離婚。女性としての人生と、社会での活躍を両立させること

ミッションを持った活動が海外で評価され、
後の企業の原点となる

の難しさを知った。

退職後はヨガを学んでインストラクターとして独立するも、仕事を受けていた企業から契約を切られ、2度目の挫折を経験することに。『人生に失敗した』と塞ぎ込む毎日だった。

「そんな日々の中で、ボディトレーニングと共に私が打ち込んだのが、人間行動学を学ぶことでした。自身の外面と内面の両方から自己変革に励む内に、この努力を形として残したい、と考えるようになりました」

努力の成果を発揮する場として選んだのが、南アフリカのケープタウンで開催されたミセス・コンテスト『Ms・Hope International』だ。北原代表は見事2018年の世界グランプリを受賞。その際に発表した「女性のミッションを見つけ、才能を引き出し、お互いを生かし合うコミュニケーションを教える」という使命は、今も行動指針として北原代表に根付いている。

北原代表が天命を自覚したきっかけ
人間行動学を極め、コンサルティング事業を始動

北原代表の人生に大きな影響を及ぼしたのが、人間行動学の世界的権威であるDr・John・F・D

emartiniのセミナーだ。

「人間行動学に基づくメソッドをDr．Demartiniから直接指南していただける『ブレイクスルー・エクスペリエンス』というプログラムがあります。それを体験した時、自分が実現したいと願う目標のために人生を懸けること、そしてその意味を天命として自覚しました。コンテストで発表した使命は、その天命を言語化したものです」

男性社会における女性の生き辛さや挫折の数々を経験する内に、いつの間にか自尊心までもが低下していた北原代表。そんな状況を脱し、主体的に自分の人生と向き合えるようになった。

自覚した使命を遂行すべく、まずはDr．Demartiniが日本で開講しているセミナーを全て受講し、彼が編み出したメソッドをビジネスで活用できる資格を取得した。

「ヨガ講師活動の後しばらく、経営者の海外移住サポートを行う企業で業務委託を行っておりました。主な業務は、投資やビジネスを通じた海外移住のコンサルティングでした。対話を通じて、お客様の課題を解決しながら目的を実現できるよう導いていく、この経験を活かそうと考えました」

こうして北原代表は、Dr．Demartiniから得た学びを用いて、教育コンサルティング事業を通じ、かつての自分と同じ悩みを抱える人々にアプローチしていくことを決心した。

「物事には反対の性質を持った要素が含まれています。これらを対立する関係として捉えてしまうと、葛藤や苦悩を感じる原因となります。そうではなく、相対する2つの性質を1つに統合されている状態として捉える。これが人間行動学の本質です」

理論的にその人にしかない幸せと成功を可視化する『人生の曼荼羅®』常に受講者目線に立ち、アップグレードを図っていく

そうして2020年に創設されたのが『ライフコーチングアカデミーNEST』。後の2023年、株式会社GSEコンサルティンググループ設立のきっかけとなった事業である。

近年では、このオンラインサロンを進化させ、新たな事業として展開させる動きを見せている。

「2021年に開発した自分自身でコーチングができる学習ツール『人生の曼荼羅®』を用いて、2024年1月より学習者が自分の人生の指針を持ち、自分の幸せや成功の形を可視化して行動に繋げられるようトレーニングするプログラムをリリースすべく、計画を始動させています」

『人生の曼荼羅®』とは、自分が望む人生を実現させるための手助けとして開発された教材だ。それによると、人生は健康資産、知的資産、経済資産、人的資産と、大きく4つの要素に分けられるという。

「人生が上手くいっていないと、4つの要素のいずれかにサインが表れます。しかし真の原因は別の要素に潜んでいます。人生における困難・苦難を避けたり取り除こうとしがちですが、自分が実現する人生のためにどのように役に立つのか？と統合することにより、理想の人生の実現が可能となるのです」

現時点では、『人生の曼荼羅®』の関連講座を充実させ、教材等の物販展開を予定している。このようなリブランディングに至った経緯について、北原代表は次のように語った。

「当社が開講する講座等に参加したくても、金銭面の問題でそれが難しい方がいらっしゃいます。そういった方にも、当社がお伝えしているメソッドと接点を持っていただきたいのです。書籍やハンドブック、その他にも無料のメルマガやYouTubeでも展開を図っていきたいと考えています」

現在はリブランディングを進めつつ、『人生の曼荼羅®』を活用して人をよりよい人生に導く認定コーチの育成事業も進行中だ。指導者が増えることで事業の拡大が見込めると共に、これまでは生徒という立場だった受講者が、今度は誰かを導く側として新たな人生を切り拓き、時間と場所に拘束されないライフバランスのとれた女性の新しい働き方を提供するきっかけにもなっている。

人間行動学をベースに、対象者に合わせたアプローチを展開新たな価値観の構築や課題の表出が理想に近づく1歩となる

先述の『人生の曼荼羅®』のライフコーチング事業だけでなく、2022年発足の女性リーダー育成事業『Women's Visionary Program（WVP）』は同社の主要な柱だ。

「リーダーの役割とは、自分だけでなく周りの人々の人生をより良くしていくところにあります。その為に必要なリーダーシップ、コミュニケーション力やプレゼン力といった知識は勿論、女性としての幸せを犠牲にせず、リーダーとして社会で活躍するにはどうすればよいかを、その人らしい形で実現していく方法を伝授しています」

従来のWVPは全6カ月でプログラムを学んでいくスケジュール。しかし2024年からはそれを1年間に延ばすリニューアルを予定している。より実践的な内容を取り入れた上で、受講者に知識だけを深めるのでなく、実践を通じての成果獲得までを伴走する。知識だけではなく、知恵やスキル、能力という形で使える「力」にしてもらおうという狙いだ。

「たとえば、自身が所属している会社や社会に対し、既存のルールに従うだけでなく、会社や社会に変革をもたらす女性が増えれば、私たちが生きる社会は、幸福度が高く、希望や夢が持てて生きる喜びに溢れた世界になると思っています。女性にはその力があるし、日本では特に、今、その力が求められていると感じています」

女性としての生き方を大切にすること、そしてリーダーとして人や社会に貢献すること。これらの両立を目指すことは、相対する2つの要素を1つに統合させる人間行動学の試みそのものだといえるだろう。

これまでは主に個人を対象にプログラムを行っていたが、リニューアルと同時にＢｔｏＢの事業展開も視野に入れている。

「企業様に代わり、当社が女性社員のプライベートな部分を含めて課題の解消に務め、企業様との橋渡しができればと考えています。あくまで中立の立場に立ちつつも、悩み・痛み・課題をどこにも打ち明けられない女性にとってのサードプレイスを提供します」

また、既にリーダーの立場にある経営者を対象とした「エグゼクティブコーチング」という事業もある。

「なぜ自分の企業が経営不振に陥っているのか。『人生の曼荼羅®』を応用すれば、その理由を解き明かすことが出来ます。つまり、自分の中にある天命と、企業理念や経営の現状に乖離があるということです。抱えている課題の構造そのものにアプローチし、経営者様の天命を実現できるような企業作りのサポートをいたします」

多様な価値観を含む教育や環境の提供が人間の成長を促進していく 全ては世界に輝く日本を次世代へ継承するために

ＧＳＥコンサルティンググループは自分の人生を変えたいと願う多くの女性に寄り添い、人間行動学を用いてエンパワーしてきた。しかし、人生を変えるのに有効な手段はそれだけではない。

「環境や人間関係の変化もまた、自分の視点や考え方に大きな影響をもたらしてくれます。実際にそれを経験していただく場として『セレンディピティ・ユニバース』というプラットフォームの主催を務めました」

このプラットフォームでは様々な領域で活躍するリーダーが登壇し、女性の社会進出といった日本の

主催のイベントには、人生を切り開こうと多くの女性が集まる

社会課題に関するテーマで意見を交わし合う。日々の子育てで忙しい母親にも人生を変えるヒントを掴んでもらうべく、子連れでの参加も可能だ。

「次世代を担う子どもたちのために、私たちは何を残してあげられるか、ということをよく考えます。私は、世界から尊敬され、私達自身も誇れるような社会を日本で継承していきたいと考えています。その第一歩として、日本が持つ価値や良さを世界に橋渡ししたいと思い、ドバイに法人を設立しました」

　2022年、新規事業としてのドバイへの法人設立により、GSEコンサルティンググループの活躍の舞台は海外にまで拡大するルートができた。

「今回、海外進出に関心のある経営者様のグループ向けにカタール・ドバイへの視察ツアーをコーディネートし、海外展開に向けた知見を深めていただきました。またカタールのインド系の学校からは日本への視察の問い合わせをいただいており、これからは日本国内だけでなく、海外とのネットワークも積極的に繋げていきたいです。海外のメンバーも増やしていきたいと考えています」

　多くの女性の自己実現を手助けしてきた、北原代表の熱意に賛同する国や人々はこれからも更に増えていくだろう。

輝かしい未来のために日本から世界へ羽ばたいていく

『GSE』とは『Global Synergy Education』の略です。シナジーとは相乗効果、共創を意味しており、人間行動学の教えを意味しています。共創を根底とした教育を通じ、世界規模で社会変革、そして未来作りを行っていく。これこそが私達GSEの存在意義です」

人はそれぞれが異なる個性、カラーを持っている。それらが輝かしい未来を目指し1つになった時、相乗効果によって新しい力が引き出されていく。ロゴマークの蓮の花には、そんな人が秘めている力へのリスペクトが込められている。教育や適切なアプローチという名の水や日光は、可能性という名の種を美しい花へと成長させていくのだ。

「子どもたちが持つ無限の可能性の種に対し、しっかりと水やりや環境作りをしてあげられるような大人でありたいですね。そして次世代の子ども達により良い日本を受け継いでもらうために、現代社会の基盤や政治をどうしていくべきかを考えられる、そんなリーダーを育成していきたいです」と、北原代表は未来に目を輝かせた。

President's Profile

北原　万紀（きたはら・まき）

大学卒業後、外資系グローバル企業に入社。多様性推進・女性活躍推進の社内団体の理事や会長を務める。

退職後は、起業家向けのマインドフルネスや身体からの能力開発を行うトレーナーに転身。起業や投資による海外移住サポートのコンサルティングの経験を経て、2021年に人間行動学を基礎技術とした教育コンサルティング会社で法人設立。

個人の能力開発だけでなく、組織開発、ビジネスコラボレーションの領域でのビジネスコンサルティングを得意としており、日本での教育コンサルティング事業の他、ドバイでは海外進出する投資家・起業家・経営者のビジネスコンサルティングから進出サポートまでを行っている。日本とドバイで2社経営。


株式会社GSEコンサルティンググループ代表取締役。

エグゼクティブコーチ・コンサルタント。

Lakshmi Business Administrative Services L.L.C Founder / CEO

Corporate Information

株式会社GSEコンサルティンググループ

GLOBAL SYNERGY EDUCATION

所在地

〒810-0001　福岡市中央区天神2-3-10 天神パインクレスト719号
TEL　050-3171-3699

設立

2021年7月

事業内容

・教育コンサルティング
・セミナー研修企画運営
・スクール運営
・教育コンテンツ開発支援
・デジタル教材制作販売

ミッション

自己変革を通じたリーダーシップの開発によって、
多様な価値観の中にシナジーを生み出し、
世界中の人々を精神と経済の繁栄へ導きます。

https://global-synergy.net/

時代の先端をいく
IT ソリューションカンパニー

クライアントの利益にこだわるマーケティング・DX のスペシャリスト集団

株式会社 H ＆ K

代表取締役ＣＥＯ　**安藤 弘樹**

〝DX が当たり前の社会〟を、当社が先頭に立ってつくりあげていきたい

Excellent Company
Only One & Number One Enterprise

神奈川県横浜市に本社を構える株式会社Ｈ＆Ｋ。ＩＴに関わるコンサルティングやシステム開発事業を手掛ける同社は、設立以来、大手を含め幅広い業種・業界の企業にサービスを提供。国内数多くの企業の発展・成長に大きく貢献してきた、時代の先端をいくＩＴソリューションカンパニーだ。

「当社のサービスがどれだけお客様の利益に繋がるか。そこを常に追い求めながら、日本最高のＬＴＶ（顧客生涯価値＝ある顧客から生涯に渡って得られる利益）カンパニーを目指して、日々事業を運営しています」

こう話すのは、株式会社Ｈ＆Ｋ代表取締役ＣＥＯの安藤弘樹氏。会社設立からわずか数年で経営を軌道に乗せるなど、優れた経営手腕を発揮する同氏に、多忙な合間を縫ってＨ＆Ｋ設立の背景や、事業の詳しい内容、今後の展望といったことまで詳しい話を伺った。

事業立ち上げの背景
２０２０年９月に株式会社Ｈ＆Ｋ設立

大学卒業後、セールス会社、ＥＣサイト運営会社といった2つの会社を手掛けるなどしていた安藤代表は、自身が27歳の時にあるイベント会社に就職。

「ここで、大手の企業様から依頼を受けて、カンファレンスやセミナー、展示会、入社式、内定式など様々なイベントを手掛けさせていただきました。その中で、大手企業のマーケティング部の方々の意見を伺う内、各社様が抱える共通のニーズが浮かび上がってきました」

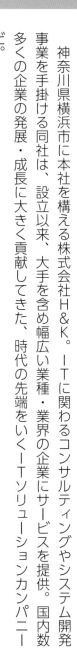

それが、〝イベントの先にある目的の実現〟だった。「イベントはあくまで手段の1つで、課題は集客をどうするか、イベントで獲得できた見込み客を実際どう売上に繋げていくか。この辺りのいわばマーケティングノウハウを各企業様は求めていました」

当時勤めていたイベント会社にとって専門外の領域だったが、安藤代表にとっては得意分野だった。こうしたマーケティングのコンサルティング業務が、「ニーズが多い。かつ、自分のやりたい分野」だということを確信し、事業立ち上げを決意。

ベストベンチャー100にも選出された広告代理店の取締役CMOを経て、2020年9月に株式会社H＆Kを設立した。

設立から3年が過ぎた現在（2024年1月）、売上や事業規模、スタッフ数は右肩上がりに増加。「ここまで順調な歩みで経営を進めて来られたと思います」と手応えを語る。

H＆Kが手掛ける事業内容
コンサルティング支援から実装・開発・制作まで全てに対応

アナログからデジタルへ。DX化を軸としたH＆Kが手掛ける事業は現在大きく3つのジャンルに分かれている。その3つの事業内容を安藤代表に伺った。「1つは当社ブランディンググループが手掛けるWEBサイト制作、サイトが閲覧されるための各種PR支援、PRに紐づくクリエイティブ制作といったWEB系の事業領域です。2つ目はコンサルティンググループが手掛けるHubSpotに代表される大規模CRM構築／移行支援、MA、SFAの導入支援／移行支援

株式会社Ｈ＆Ｋ

AIとDXでよりよい社会に
AI and DX - Upgrade your Reality -

DXコンサルティングでの業務全体設計や、マーケティングコンサルティングでの戦略設計から運用実行面までをトータルに提供

などのマーケティング支援の事業領域。そして３つ目はＳＥグループが手掛けるアプリ開発、ツールとツールの連携といったシステム開発を行う事業領域です。コンサルティンググループが行うマーケティング支援領域を起点としながら、必要に応じて他のグループが関連し合う。そういった組織体で事業を運営しています」

『会社の成長のため、また人材採用強化のためにＷＥＢサイトをリニューアルしたい』、『もっと売上を伸ばすために社内のＤＸ化を進めていきたい』など、各企業が抱える様々な悩みを解決するため、前述のサービスを提供するＨ＆Ｋ。「支援の幅が広い点が、当社の大きな強みであり特徴の部分」と安藤代表はいう。

「当社はまずお客様の現状をお聞きし、それぞれに最適な業務フロー／業務設計を構築、可視化し、分かりやすくご提案させていただくコンサルティング支援から入らせていただきます。さらに、設計に基づき、実装・開発・制作までも一括で請け負わせていただく。例えばＷＥＢマーケティングだけ、開発だけ、コンサルだけ、ツールの導入支援だけを提供する会社様が多いですが、当社は全て行える体制が整っています」

これにより、ROI（投資利益率）の高いシステム導入、マーケティング施策の実施に繋がるという。「どの領域も外注がありませんので、安定した品質での提供が可能となり、コストパフォーマンスも高い。またワンストップ支援ですので、当社の担当者にご連絡いただければプロジェクトは進んでいきます。この辺りもお客様にとっては大きなメリットになることは間違いありません」

さらに、「HubSpotが日本にやってきて間もない頃から導入支援を行ってきた実績から、導入ノウハウや運営ノウハウはどこにも負けないものがあると思っています。この点も当社の強みでしょう」と安藤代表。

2022年には、クライアントに対するHubSpot支援における顧客維持率の高さが評価され、HubSpot Japan株式会社より、『Customer First in Japan 2022』を受賞している。

ホームページには導入の成功事例やクライアントの喜びの声を多数掲載「WEBマーケティング、DXに関わることはぜひご相談いただきたい」

会社設立以来、業種・業界を問わず、中小企業から誰もが知る有名大手企業まで、国内数多くの企業にサービスを提供し、企業の発展・成長をサポートしてきたH&K。これまで手掛けてきた実績は３００件近くに上り、同社ホームページには、導入の成功事例やクライアント企業の生の声が数多く紹介されている。

「『複数の管理ツールを使っていて連携が全くとれていなかった社内管理体制を、全てＨｕｂＳｐｏｔに変更。これによって業務効率が大幅に改善した』、『サイトのリニューアルにより、コストカットやリニューアル前の約2倍のリード数を獲得できた』といった、費用対効果の部分で評価をいただくようなお声から、『説明が丁寧だった』、『レスポンスが早い』、『ＨｕｂＳｐｏｔに精通しているから安心して依頼ができた』という当社の対応の部分で評価をいただくお声も多く頂戴しています。新規にご依頼・ご相談いただく企業様の中には、当社ホームページの事例を見たことがきっかけの企業様もおられます」

まさに企業の成長エンジンとなるような役割を果たしているＨ＆Ｋだが、改めて安藤代表に、どのような企業にサービスを受けてもらいたいかを伺った。

「『エクセルと紙から脱却したい』といった、簡単なＤＸを進めたい企業様。『リード獲得からセールス、会計まで自動的にデータが入るようにし、かつ分析もできるようにしたい』というふうに、カスタマイズし、ＤＸを進めたい企業様。『メールの自動化や広告運用、マーケティングオートメーションの導入、ホームページの制作がしたい』といった、ＷＥＢマーケティングに力を入れていきたい企業様。こういったニーズのある企業様には大きな力になれるかと思いますので、ぜひご相談いただきたいと思います」

会社設立以来大きな力を注ぎ続ける人材採用
「今いるスタッフは皆優秀で頼りになる存在」と信頼を寄せる

スタッフが日々仕事を行う本社の作業スペース＆ミーティングスペース

現在（2024年1月）H＆Kには30名のスタッフが在籍。人材採用には会社設立以来大きな力を注いでおり、採用説明会や面接は全て安藤代表自らが行っている。「今いるスタッフは皆モチベーションが高く優秀で飲み込みが早い。頼りになる存在です」と大きな信頼を寄せる。

またスタッフの一部はアルバイトとして働いているが、そのほとんどが内定者なのだという。「可能な方は内定後にアルバイトで当社の業務を経験していただいています。そうすることで、4月の正式入社時には即戦力として活躍することができる。良い循環が生まれています」

スタッフの平均年齢は20代半ば。若い人材が多いが、「スタッフには準備の大切さと、常に先を見据えながら行動することを伝えています。具体的な業務においては、納品スピードとクオリティを両立させることを求めています」とのこと。

スタッフの更なる成長を目論む安藤代表は、「年齢・キャリアに関係なく、成果を上げれば上げるほど給料に反映される体制になっていますので、貪欲に高みを目指して欲しい。会社としてはスタッフに対して、仕事の幅をもっともっと広げてあげるなど、士気を高く保ちながら、活躍できるステージを用意してあげられればと考えています」と話す。

安藤代表が描く未来への展望
日本を代表するDXリーディングカンパニーを目指す

精鋭スタッフと共に走り続ける安藤代表に、改めて今後の展望を伺った。「当社の事業を通して、クライアント企業様の発展・成長のご支援を行っていくことは、これからももちろん変わりません。今後はマーケティング・DX・AIという3つを軸としたサービス提供がメインになってくるでしょう。たとえば、倉庫を持ち、在庫を抱えているような企業様であれば、必要な時に必要な分だけ在庫を抱えるのがベストであると思いますが、DXやAIを駆使することで課題解消に繋がるなど、今までにないソリューションが生まれる可能性が大いにあります」

営業エリアに関しては、「国内は関西圏を強化していきたい。さらには国内での実績が積みあがってきている今、アジアを中心とした海外進出も具体化できればという風に考えています。マーケティングのご支援とともに、DX導入で劇的に成長できる企業様はまだまだ数多くあります。〝DXが当たり前の社会〟を、当社が先頭に立ってつくりあげていきたい」と安藤代表。

一方で、こうしたDX・AI化が世の中で進むと、今まで人がやっていた仕事をAIが担うようになるなど、人が必要なくなるのではないかという懸念も。これに対して安藤代表は、「それは違います」ときっぱり否定する。「AIや機械に仕事を任せて、人材をクビにするということではありません。人は誰でも無限のアイデアがありますので、新規事業を考えていけばいいのです。新規事業が動いていった結果、更なる雇用が生まれます。DX化は会社の成長と雇用創出を生み出す大きな可能性を秘めているのです」

横浜ランドマークタワー21階に本社を構えるH&K

類まれなマーケティング能力とDX・AIに関わる豊富な知識・ノウハウを備えるH&K。現在はこれらに加え実績も着実に積み上がりつつある。社名であるH&Kはハック（仕事の質や効率、高い生産性を上げるための工夫や取り組み）という言葉が由来だ。
「スタッフ全員の力を結集させ、グロースハッカーとしてそれぞれの企業様がもつ課題解決を行っていく。ゆくゆくは日本を代表するDXリーディングカンパニーになり、世界に通用するコンサルファームになっていきたい」
自信に満ち溢れた表情で未来への展望を語る安藤代表。見据える目標の実現に向け、これからも一歩一歩着実に歩みを進めていく。

President's Profile

安藤　弘樹（あんどう・こうき）

2014年、営業代理店の会社創設。
2017年、ECサイト運営の会社設立。
2018年、株式会社ニューズベース　セールス・マーケティング部マネージャー。
2019年、広告代理店ベンチャー企業　取締役CMO。
2020年、株式会社H & K創設。

Corporate Information

株式会社 H & K

所在地

〒220-8121　横浜市西区みなとみらい2-2-1　横浜ランドマークタワー21F
TEL　045-264-6322

設立	従業員数
2020年9月	30名（2024年1月現在）

事業内容

DXコンサルティング業務（システム開発／連携）
DX推進プロダクト開発
AIコンサルティング業務
マーケティング総合支援（CRM/マーケ／ブランディング）

代表挨拶

H & Kは創業から今に至るまで関わった人、組織をグロースさせ社会にいい影響を与えるため、様々な当たり前の実現へ貢献をしてきました。
H & Kの考える当たり前、クライアントの考える当たり前、社会の考える当たり前、世界には実現できていない様々な当たり前があります。
そんな当たり前に対してH & Kは、戦略パートナーとして、マーケティング、セールス、納品、経理、財務、法務、人事労務など様々な企業活動を支援することで、人々の暮らしを豊かにします。
現在はDX、AI、IoTといった言葉を中心に世界のIT技術は急速に発展をしています。
進化し続けるIT技術を正しく、より大きな影響力のある形で浸透させることによって、H & Kは成長し社会への貢献を続けていきます。

https://www.handk-inc.co.jp/

キャリアコンサルティング業界の リーディングカンパニー

人々の課題解決を通して企業の発展・成長に貢献

株式会社マイキャリア・ラボ

代表取締役 **森 ゆき**

人と仕事、人と会社の
ベストマッチングの実現を
支援し、誰もが働くことを
幸せだと感じられる社会を
つくっていきたい

株式会社マイキャリア・ラボ

キャリアコンサルタントという職業をご存知だろうか。人が持つ資質・適正を見出し、その人にあった生き方（キャリア）の実現をサポートする専門職だ。２０１６年に国家資格となり、現在国内において、およそ7万人の資格者が活動している。

ハローワークや高校・大学、人材派遣の会社など、キャリアコンサルタントの活躍の場は多岐に渡る。そんな中で、独立コンサルタントとして会社を興し、主に企業の発展・成長支援に特化した活動で多くの実績を積み上げているのが、東京に本社を構える株式会社マイキャリア・ラボだ。

「企業様の人材採用・定着といったキャリア支援を通して、日本の社会・経済を良くしていく。それが当社の役割だと思っています」

こう力を込めて話すのは、同社代表取締役でキャリアコンサルタントの森ゆき氏。企業が抱える人材面のあらゆる課題を解決すべく、多くの仲間（パートナーコンサルタント）と共に日々奮闘している。

独立の道を選び、キャリア支援事業をスタート ２０２１年には業界に先駆けて法人化を実現

現在キャリアコンサルタントとして活動する森代表だが、自身のキャリアはエンジニアからのスタートだった。

理工系の大学院を修了後、外資系半導体メーカーである日本テキサス・インスツルメンツ株式会社（日本TI）へ入社。ここで、電子回路設計のエンジニアとして10年間勤務した。

多くのパートナーコンサルタントと共に企業をサポートしている

その後、「新たな挑戦がしたい」と、今度はインターネットサービスを提供する会社へ。「長年エンジニアで働いてきましたが、ここではエンジニア人材の採用や育成、管理職の仕事など、マネジメント業務を行ってきました」

同社で12年間勤務。順調にキャリアを積み上げていたが、次第に独立願望を募らせていく。「ずっと、仕事の傍ら3人の子育てを行う生活を送っていました。しかし、私自身45歳になり、子どもも大きくなってきたタイミング。いくつになっても自分の力を発揮しながら仕事を続けていくには、独立するのが一番だという風に思いました」

「どんな事業を始めようか…」。色々なセミナーや勉強会に参加し手掛ける事業を模索した森代表が、最終的に辿りついたのが〝キャリア支援〟だった。「働き方に悩む方々を助けられる仕事が世の中には必要だと、キャリアコンサルタント（当時キャリアカウンセラー）として活動していく決意を固めました」

こうして2015年に独立し、キャリア支援事業をスタートさせた。スタート以来、仕事は順調に舞い込み、2021年3月には業容拡大を受け、業界に先駆けて法人化も果たした。

現在では、様々な企業に向けて従業員の〝働き方面談（キャリア面談）〟を年間約100名実施する他、講師としてキャリアデザイン研修、メンタルヘルス研修など、年間約100本をこなす。またこうした傍らで、キャリア講師を目指すキャリアコンサルタントに向けての講座も実施しており、延べ約400名以上（2023年11月現在）のキャリアコンサルタントが、森代表が主催する講師養成講座を受講している。

企業向けのキャリア支援で多くの実績を積み上げる
従業員の離職防止の鍵は上司と部下のコミュニケーションの円滑化

現在マイキャリア・ラボの事業の柱となっている企業向けのキャリア支援。これに関して森代表は、「従業員が楽しく、やりがいを持って働け、結果、離職防止にも繋がるような職場環境づくりを色々なアプローチでご支援させていただきます」と説明。

主に行うのは上司・管理職支援と従業員への両立支援やメンタル不調防止など離職防止支援の2つ。具体的にどのようにして業務を進めていくのか、森代表に伺った。「私が元エンジニアで技術系の業界に勤めていた関係から、当社にご依頼いただく企業様は比較的IT関係、メーカー企業様が多い傾向にあります。300人規模のあるIT企業様から、『上司と従業員のコミュニケーションが上手く取れず、人材がなかなか定着しないことが課題』というようなご相談をいただきました。

私の経験上、IT業界で働くエンジニアの方々は、どちらかというと職人気質でコミュニケーションが苦手というタイプが多い。そこで、この企業様に対してはまず、エンジニアスタッフと管理する上司クラスの方々双方が感じていることや、求めていることを細かくヒヤリングする作業から始めました」

その後、森代表はヒヤリングした内容を双方に伝えていく。上司と部下の橋渡し役を担うのだ。

「上司が『○○さんがそんな辛い思いをしていたのか……、そんな風に思っていたのか……』といったように、この時初めて部下の本音や置かれている状況などを知るケースが多くありました。そして、こうした橋渡し作業を何度か続けていくと、次第に私が間に入らなくても自然と上司と部下のコミュニケーションが増えていくようになっていきました」

5年程継続して支援を行ったこの会社は、結果として従業員の離職率が大幅に低下。「企業様からは、『従業員同士のコミュニケーションもかなり円滑になった』と喜んでいただけました。人材の問題は大体密なコミュニケーションを取ることで解決できるケースが多い。こうした事例を今後もっと増やしていきたいですね」

〝女性活躍推進〟と〝シニア人材活躍推進〟に積極的に取り組む「眠れる労働力を目覚めさせ、労働人口を増やしていきたい」

前述のような企業支援を行う中で、森代表がとりわけ力を注ぐ分野が、〝女性活躍推進〟と〝シニア人材活躍推進〟。

「女性活躍推進の取り組みは実績の中では最も多く、私の仕事の原点であるといえます」

森代表は独立した2015年から今までずっと、女性労働協会の認定講師として女性が社会で活躍するための相談やセミナーを幾度となく行ってきた。「女性社員に対して、また女性社員を預かる男性上司に対して情報提供やアドバイスを行います。私自身も3人の子どもを産み育て、産休・育休、時間短縮勤務などの制度を利用しながら、仕事と出産・育児を両立させてきました。その経験もお話しながら、女性が活躍できる社会実現のためのノウハウや考え方、配慮するポイントなどをお伝えするようにしています」

もう1つの〝シニア人材活躍推進〟に関しては、「寿命の延伸と少子高齢化で、主に20代~50代の現役世代が高齢世代の方々の暮らしを支え切れなくなっているというのが今の世の中の構造です。60代~70代の元気なシニア世代の方々は引退している場合ではありません。生産性のある仕事を行い、社会を支える一員であり続けていただきたいのです」と話す。

森代表は、企業側へシニア世代の雇用の提案や、シニア世代の従業員と企業の間に入り、労働条件や役職・ポジションなどの調整を行いながら、双方が納得する形で長く仕事を続けてもらうようなコンサルティング支援を行っている。

「どの業界も人材不足が叫ばれる昨今、これを解決する鍵は女性とシニア世代。当社の活動を通して、こうした眠れる労働力を目覚めさせ、労働人口を少しでも増やしていければと考えています」

事業の柱として注力する〝中小企業向け人材採用定着支援〟
「企業様のご負担を少なく採用支援を提供したい」

森代表の著書。2023年12月には
最新刊「キャリアコンサルタントの歩み方5」が発売

法人向けキャリア支援。そしてキャリアコンサルティングの普及と育成。この2つを主な事業の柱としているマイキャリア・ラボだが、もう1つ「今後の柱にしていきたい」と位置付ける事業がある。それが、中小企業向けの人材採用定着支援だ。これは採用定着士®として、一般社団法人採用定着支援協会と連携した求人支援、定着する人材の採用、採用した人材の定着支援を行っていこうというもの。

「人材不足に悩まされる企業様において、多額の経費をかけて採用活動を行っても思うように採用が進まず、たとえ採用できても定着せずに辞めていくといったケースが多くあります」

現在国内中小企業で切実な問題になっているのが〝人手不足倒産〟。仕事はあるのに人材がいないために倒産を余儀なくされる現象で、2023年度上半期（4~9月）の人手不足関連倒産は82件。前年同期の2・6倍に急増している（東京商工リサーチ調べ）。

「一方で仕事を求めている人や働こうと思えば働ける人は大勢いて、皆さん自分に合う仕事や自分にもできると思える仕事を探しています。当社の事業を通して仕事と人を結び、頑張る中小企業の人手不足倒産の防止に貢献していきたいと考えています」

採用支援の依頼を受けた企業に対してはまず、どのような人材を求めているかを細かくヒヤリングする所からスタート。その後、要望に応じてインターネット上の求人サイトと連携をさせた採用ページを作成。「数多くある求人情報から、求職者に選んで見て貰えるような効果的な見せ方、書き方、さらにSEO対策も考慮してページ制作を進めていきます」

次に、応募者に対する面接も支援。面接ノウハウの伝授や、時には代理で森代表自らが面接を行う。こうした一連の採用支援をマイキャリア・ラボでは、「できる限り企業様のご負担を少なくして提供したい」と、月額5万円～10万円という業界相場よりもかなり安価な費用で実施する。

今後森代表は、「当社で行うこの採用定着支援事業は、仕事経験豊富なシニア人材のスタッフに活躍してもらいたいと考えています」という。

人材定着で重要なのはエンゲージメント「誰もが働くことを幸せだと感じられる社会をつくっていきたい」

〝ひとり親専門のキャリア支援〟、〝若年層向けのキャリア支援〟、〝発達障害者専門のキャリア支援〟など、キャリアコンサルタントと一口に言っても、皆それぞれ専門分野を持って活動するケースが多い。その中で森代表は、独立以降一貫して〝企業成長に繋がるキャリア支援〟を専門に活躍してきた。

独立からもうすぐ10年の節目を迎える今、「今後も企業様の継続的な発展を人の課題解決から支

「企業様の継続的な発展を人の課題解決から支援していきます」

援していきます」と、ぶれずに前を見据える。

「どの企業様にとっても人材定着は大きなテーマだと思いますが、そのために大事なのはエンゲージメント。大切なのは会社や仕事への愛着で、これがある従業員は会社を簡単に辞めることはありませんし、モチベーション高く仕事を行います。給与や休日などといった労働条件ももちろん大切ですが、そこにエンゲージメントの要素も加えると、従業員はより継続して力を発揮し続けます。こうした組織づくりのサポートこそ、当社の最も力を発揮できる分野ですので、ぜひ悩んでいる企業様はご連絡いただければと思います」

こう呼びかける森代表は、「キャリアコンサルタントはこれからの日本社会のインフラになります」と、自身の職業に大きな可能性を抱いている。

終身雇用の崩壊・働き方の多様化・女性の社会進出・少子高齢化など、様々な要因からキャリア支援のニーズがかつてない程の高まりを見せる中、「人と仕事、人と会社のベストマッチングの実現を支援し、誰もが働くことを幸せだと感じられる社会をつくっていきたい」と森代表は語る。

President's Profile

森　ゆき（もり・ゆき）

1993年、青山学院大学理工学部物理学専攻修士課程修了。外資系半導体メーカー、日本テキサス・インスツルメンツ株式会社（日本TI）に電子回路設計エンジニアとして入社、10年勤務。
2003年、TIの日本撤退を受け、同社を早期退職。インターネットサービスの企業に入社、エンジニア人材の採用や育成に従事、管理職も務めて12年間勤務。
2015年、キャリアコンサルタントとして独立、マイキャリア・ラボを創業。企業の従業員の働き方の相談や人材育成の研修登壇などを実施。
2021年、法人化をして株式会社マイキャリア・ラボを設立。
プライベートでは2男1女の母親。仕事と家庭の両立を続け、管理職も務めてきていることから、女性活躍推進、ワークライフバランス、両立支援、働き方改革などのテーマでの研修・講演・執筆も多い。
〈保有資格〉
1級キャリアコンサルティング技能士（国家資格）、国家資格キャリアコンサルタント
メンタルヘルス・マネジメント検定Ⅰ種、採用定着支援協会認定 採用定着士®
女性労働協会認定講師、介護離職防止対策アドバイザー®
Gallup認定ストレングスコーチ

Corporate Information

株式会社マイキャリア・ラボ

Mycareer-Lab
Make your company growth

所在地

〒165-0023　東京都中野区江原町1-16-4
TEL　080-5498-2077、03-3953-2077

設立	資本金	従業員数
2021年（創業2015年）	300万円	2名

事業内容

事業1. 法人向けキャリア支援・人材育成・離職防止
従業員のキャリア支援と人材育成（面談・研修）
ストレングスファインダー®を使ったコーチング（面談・研修）
両立支援、メンタル不調の防止、ハラスメント防止、女性活躍推進、シニア人材活躍推進
事業2. キャリアコンサルティングの普及と人材育成
キャリア講師養成講座「キャリア講師になろう！」企画開催
「MyCL認定キャリア講師®」の認定
キャリアコンサルタント向け書籍の企画監修
事業3. 中小企業向け、人材の採用定着支援
採用定着支援協会と連携した、求人支援
定着する人材の採用と、採用した人材の定着支援

経営理念

「働くことの幸せと、組織・社会に貢献する喜びを全ての人に」

人は本来、誰かの役に立ちたい、認められたい、成長したいなど、「成果を挙げて活き活きと過ごしたい」という想いがあります。その一人ひとりの想いと行動が、組織からの「成果をあげて貢献してほしい」という願いと一致した時、働く人と組織の双方に大きな益がもたらされます。

組織運営の好調は業績拡大につながります。そして、そこで働く人たちが恩恵を受けて、さらに意欲的に成果をあげていくでしょう。日本の社会全体に、貢献と恩恵の好循環をもたらすために、私たちはこれからもまい進していきます。

https://www.mycareer-lab.co.jp/

日本における薬の発祥地で ミミズと共に歴史を紡ぐ

配置薬業界や社会に貢献し人に寄り添う製薬会社

ワキ製薬株式会社

代表取締役会長　脇本 吉清

ミミズという
未利用生物から
社会に役立つ医薬品成分を
生み出すことが
最終目的です

飛鳥時代、聖徳太子は「薬草は民を養う要物である。厚くこれを養い蓄ふべしと、天皇然とし、勅して之を掘り貯へしめ給ふ」と薬草の採取を推奨。その流れを汲み661年、推古天皇による最古の薬狩りの記録が日本書紀に記されている。現在の奈良県宇陀市でのことだ。

そんな日本の薬のルーツであるとされる奈良県で、140年以上にわたって生業を営むのがワキ製薬株式会社だ。1882年に創業した同社の玄関ホールには、昭和天皇が御訪問された様子を描いた絵画や、使い込まれた薬研などが飾られており長い歴史が感じられる。現社長は5代目にあたる脇本真之介氏。今回は、その父で4代目を務めた会長、脇本吉清氏にお話を伺った。

時代の先を見据え医薬品の販売を始める
ミミズと出会いその可能性を追求

1882年、明治になり15年という文明開化の只中。奈良県中部にある広陵町南郷で金物屋を営んでいた脇本卯造氏は、世相から医薬品市場や健康産業の成長を予感し、当時、業界最大手の一社でもあったホシ製薬の代理店として医薬品の販売業を始めた。1905年に2代目である直治郎氏が脇本直行堂（薬店）を開設。1934年には先で3代目となる薬剤師であった佳信氏を婿養子に迎え、大和高田市に太平洋製薬研究所を設立し、製薬メーカーへと発展を遂げた。これがワキ製薬の前身である。

脇本会長が生まれたのは戦後復興期の1950年。翌年、後にワキ製薬の看板商品となるミミズの頓服薬「みみとん」を発売し、配置売薬の業者によって全国の家庭へと配られた。この商品開発が「ミミズとワキ製薬との関わりの第一歩だった」と脇本会長は話す。ミミズの表皮には発汗を促し熱を下げる効果があり、医薬品の世界では『地龍』という名前で熱冷ましの和漢薬原料として用いられる。体に負担を掛けずにゆっくりと熱を下げる和漢薬として人気商品となった。

こうしてミミズと共に歩み始めて20年ほど経った1972年、社会人として歩み出した脇本会長は、大阪薬品株式会社に入社し、病院周りをしながら数年かけて医師との関係性を作っていった。その後、家業を継ぐために24歳でワキ製薬に入社。3代目社長である父・脇本佳信氏が、道路で干からびたミミズの死骸は目にするが、水分がある場所で死んだミミズはどうなるのか？という疑問を持った。実験するとミミズは全て解けて表皮だけが残った。その結果から「ミミズの中には何らかの分解酵素があるのでは？」という仮説を立て、吉清氏と共に研究の提携先を探し始めた。

ある日、配置売薬の取引先の紹介で宮崎医科大学にミミズの研究をしている先生がいると聞きつけ、何度も父と宮崎県に足を運ぶ。そして1977年、宮崎医科大学の研究グループとの会合を重ね、遂にミミズが持つ消化酵素についての共同研究の合意に辿り着いた。当時は、ミミズの比較物質としてナットウキナーゼ、焼酎を作る際に菌が出す消化酵素の研究も行っていたが、『植物性の成分よりも動物性の成分の方がより効果が高い』という確信があり、ミミズの体内に存在する消化酵素の研究を続けたのであった。

1980年代に入ると血栓を溶解するミミズ由来の酵素『ルンブロキナーゼ』を発見しマスコミも注目した。吉清氏は新規の脳梗塞予防薬として上市を目指したが、新薬としての許認可を得るには莫大な資金が必要となる。そこで海外で実績を作り、日本に逆輸入しようと考え、まずは隣国である韓国の大手医薬品メーカーと商談を行い、世界初のミミズ由来脳梗塞治療薬『龍心《リュウシン》』の発売まで辿り着いた。

ワキ製薬株式会社

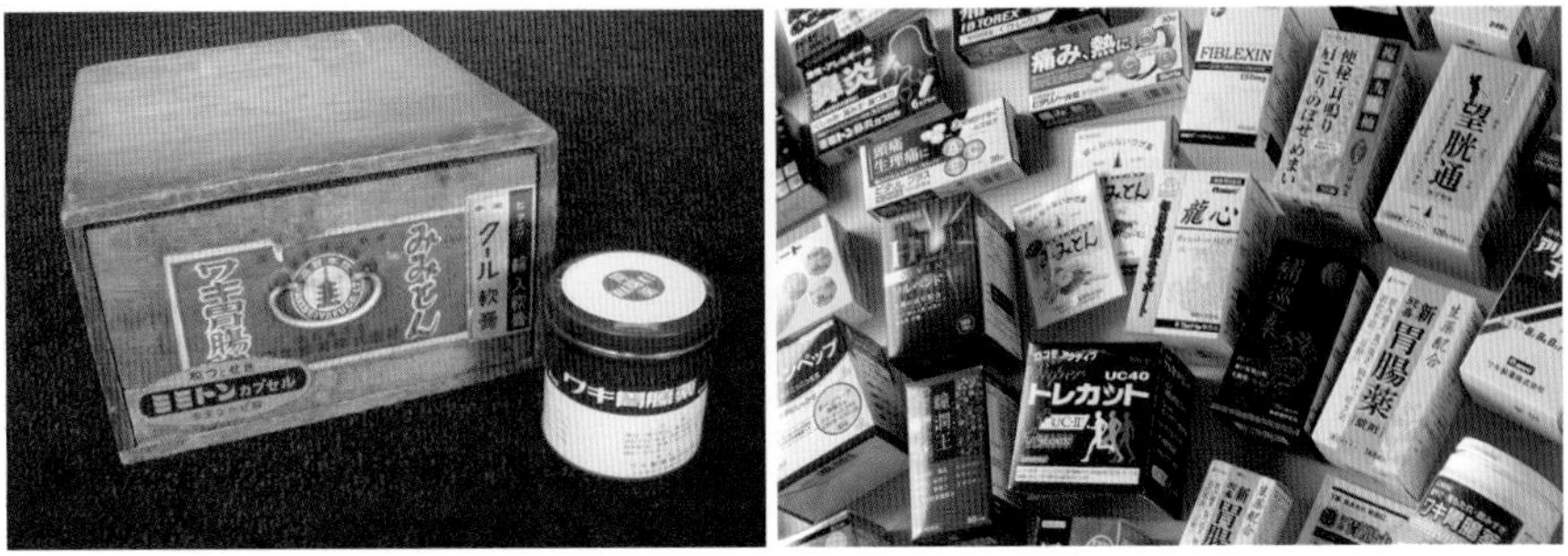

看板商品であるミミズの頓服薬「みみとん」など

当時、韓国の脳梗塞治療薬の市場では第3位のシェアにまで成長し、香港や台湾でも医薬品承認が降り、順風満帆のスタートを切ったかに思われた。しかし、暫くすると韓国現地の製薬メーカーが類似品を発売。それらは品質が悪く、服薬被害者が大量に出てしまった。韓国政府はこの事態を重大事故として捉え、ミミズを使用する製品の製造販売を一斉に禁止する。

これにはワキ製薬も大きな打撃を受けたが、ただ涙を呑んでいた訳ではない。更なるミミズのプロジェクトを進めるには資金が必要と考え、１９８９年、佐賀県佐賀市に家庭配置薬の営業所を開設しダイレクト販売を始めた。当時、佐賀県では常盤薬品系列の事業者が最大手であり、その市場に参入するには並々ならぬ努力が必要だった。少しずつ市場は拡大し、６年後には福岡県に新たな営業所を開設するに至る。こうして資金を集め、ミミズの研究、更には厚生労働省との長年の交渉を進めていった。

「和漢薬は葉が医薬品に指定されていても根は食品の場合があります。ミミズも表皮は医薬品指定されているが、当社のミミズ酵素は内臓部分を使用していることを厚生労働省に認めてもらえるように何度も直談判しに行きました。そして１９９７年、遂に世界初のミミズの健康食品『龍心ｃａｐ』の発売に辿り着いたのです」と脇本会長は振り返る。

麹や鳥の軟骨といったミミズ以外から生まれた製品
視野を広く持ち様々なものを取り入れる

営業畑で育ってきた脇本会長は薬剤師の父が歩んで来た安定路線とは違い、様々なものに興味を持ち取り入れてきた。アメリカの企業から日本ではまだ発売されていない非変性Ⅱ型コラーゲンについて紹介があった際には、原料価格が高すぎて他社は扱わなかったという。しかし、「当社は小さな企業。ミミズも含め他社にないものを造っていこう」と連携を決め、日本で初めて幼鶏胸部軟骨から抽出した非変性Ⅱ型コラーゲンを使用した『トレカット』を開発、販売を開始した。

「軟骨が減ると骨と骨が接触し、断片がぶつかり合い、免疫異常が発生。すると自己を攻撃するようになり痛みが増していきます。この免疫異常を抑えつつ、軟骨を再生すれば痛みが治まる、という発想です」

また、2013年には京都の研究開発企業と共同で、麹から蛋白分解酵素をもつFIBLEXINの開発に成功。「ミミズへ忌避感がある方や、宗教上の理由などで摂取することができない方もいますから」という顧客に対する配慮が実を結んだ。こうした長年に渡る努力の結果、脇本会長は医薬品製造事業を通じた社会貢献が認められ、令和4年度・厚生労働大臣賞を受賞。国からも顧客からも評価されることとなった。

ミミズ市場を失う危機を息子と従業員と共に乗り越える
自社一貫生産のミミズ・土を使わない生育飼育の確立

ワキ製薬株式会社

しかし順風満帆に見えるワキ製薬にも苦難の時期があった。２０１１年、共に歩んできた総代理店とグループ会社の離反に遭い、売上の80％とミミズ市場を失う危機を迎えた。「長年共に歩み支えてきたグループ会社から裏切りに遭い、従業員を不安にさせてしまった」と他社を責めるのではなく、自分の経営者としての歩みを反省した。

しかし、この離別が飛躍への転機となる。息子である真之介氏は前向きな姿勢で自社一貫生産の次世代ミミズ粉末を開発するプロジェクトを立ち上げ、他社に頼らないミミズの自社生産を目指すことにしたのだ。無謀な挑戦と思えたが、息子の進む道を見守ろうと決め、２０１２年には真之介氏に会社を譲り、会長職に就任。従業員にも未熟な息子を支えてくれるように力添えを願って回った。

ワキ製薬を発展させてきた初代から５代目社長

自社の危機的状況を把握し退職者も出たが、残って共に乗り越えようと尽力してくれるメンバーも多くいた。５代目となった真之介氏は「2／3もの従業員が父の説得に同意してくれたのは、私と共に会社の再生への道を支えてくれたのは、父の人徳です」と笑顔で話してくれた。

経営層と従業員が一丸となり、新たなミミズ粉末の開発への挑戦は長い道のりとなった。脇本会長は、岐阜大学の医師と連携し、ミミズを摂取し続けた医師の脳の写真を10年に渡って撮り続け、臨床結果を得るなど現在にまで繋がる研究を行った。真之介社長は、土を使わずにミミズを飼育できる環境の研究や、酵素力の向上のために京都大学に日参。教授の引き抜きに尽力した。同社は新たに研究開発部門を立上げ、数年かけて社員と共に研究を進め新たなミミズ粉末の開発に成功した。脇本会長は「ミミズは年2回の産卵期がありますが、増えすぎると一晩で逃げ出すほどデリケートな生物」と、ミミズの持つバイタリティについて話す。

多くの難局を乗り越え、更なる発展を遂げた同社について脇本会長は「ミミズという未利用生物から社会に役立つ医薬品成分を生み出すことが最終目的。今後もミミズの持つ機能性成分の有効性について研究を続けていきます」

2023年にはミミズ製品初のモンドセレクションを受賞し益々発展を続ける同社。脇本会長は展望として「日本というマスが小さくなってきたので、海外展開に力をいれたい」と語る。大和高田市の姉妹都市があるオーストラリアにはミミズのグミがあるなど、海外にはミミズと縁深い国も多い。これまでも脇本会長は、自ら台湾、ベトナムといった市場の開拓を行ってきた。ミミズのようなバイタリティで躍進を続ける同社が、海外でも飛躍を続けていくことは間違いないだろう。

創業時からの生業である配置薬業界への想い
灯を絶やさないための多くの取り組み

時代の先を行き新製品を開発している同社。その半面、江戸時代から続く配置薬にも力を注いでおり伝統産業を守ろうと尽力している。配置薬は各家庭に届けた薬から、後ほど使用した分だけ金銭を貰う〝先用後利〟の珍しいシステム。後期高齢者など気軽に外へ出かけることが難しい者にとって、また、深夜の発熱の際などには尚更役に立つ。そんな配置薬だがドラッグストアや通販の発展により、存続が厳しい業界になりつつあり、このままでは配置薬という伝統産業が消失する懸念すらある。

脇本会長は「私にも息子にも、配置薬を残そうという想いがあります」と志を語る。配置従事者の資質向上のための無償研修会の実施や、同業の製薬会社をM＆Aしたのも配置薬業界を慮ってのこと。ワキ製薬はその会社の株式だけを取得。それは配置薬を作るメーカーを減らさないためのM＆Aだったと話す。実際に無報酬でワキ製薬のノウハウをその会社に注ぎ込み、再建支援を行っている。このように様々な施策を行い、今後も配置薬業界の灯を絶やさないよう脇本会長と真之介社長は辣腕を振るっていく。

〝いつもあなたのワキに〟人と寄り添い歩むワキ製薬　社会や従業員、スポーツ業界などへの多大なる貢献

長年に渡って配置薬業界やミミズ製品の普及に励む脇本会長。しかし「息子は薬屋なんかしたくないとリゾート会員権の会社に勤めていました」という。真之介社長の心境が一転したのは祖父の佳信氏の死だった。祖父の葬儀に参列する多くの人を見て、祖父の人生に見た〝人との繋がり〟を知りたいと同社へ入った真之介社長。5代目に就任し、『時代を超え良品を市場へ提供し続けることを通じて、従業員と社会双方の充実感と豊かさを満たす』という企業理念を制定。経営理念には、故・稲盛和夫氏が大切にしていた「従業員の幸福と成長を想い、永続的な雇用と社会への貢献のために社業を発展させる」という内容を盛り込んだ。従業員の成長を促すフィロソフィーブックを従業員と共に作成。年2回発行する社内報は取引先や従業員の家族からも好評だという。従業員に対する施策も多岐に渡

自由参加の食事会や、従業員の家族を招いた慰労会も開催

り、自由参加の食事会や、年末には従業員の家族も招いた慰労会も開催。他にも会社負担での映画鑑賞やスポーツ観戦など、若い人たちが会社のことが好きになる取り組みを多々実施している。

また、同社は社会貢献にも努めている。カンボジアの学校建設プロジェクトへの参画、障がい者への雇用支援、子どもの笑顔を応援するために始めたスポーツ支援プロジェクトなど枚挙に暇がない。大志正道を経営哲学に据える真之介社長らしく取り組みで休日に少年野球で指導を行う。脇本会長はロータリークラブを通じて、野球やラグビーの教室を子どもたちのために開催するなど、スポーツを通して地元の子供たちの成長を支援する活動に励んでいる。

脇本会長は「私たちは人間です、人の間と書きます。我々は常に人の間にいる。周りの人を大事にし、誰かに支えられているという認識を常に持っていなければ」と語る。自らの信条を「みんなのためになるかどうか」と話す脇本会長らしい言葉だ。

同社のキャッチコピーは『STAND BY YOU（いつもあなたのワキに）』

「ワキ製薬の名前は〝あなたのワキにおいて欲しい薬〟ですよ、という意味なのです」

人の周りに人がいるように、人の側に寄り添うワキ製薬の薬は、細長いミミズのように長く、人に寄り添い続けていくのだろう。

President's Profile

脇本　吉清（わきもと・よしきよ）

1950 年、奈良県大和高田市生まれ。
1972 年、大阪薬品株式会社へ入社、営業部員として従事。
1975 年、ワキ製薬株式会社入社。
1982 年、ワキ製薬株式会社　専務取締役に就任（創業 100 年）。
1996 年、ワキ製薬株式会社　4 代目取締役社長に就任。
2012 年、ワキ製薬株式会社　代表取締役会長に就任。
2022 年、令和 4 年度厚生労働大臣賞　受賞。

Corporate Information

ワキ製薬株式会社

WAKI ワキ製薬株式会社

所在地

【本社所在地】〒635-0082　奈良県大和高田市本郷町 9-17
TEL 0745-54-0999　FAX 0745-23-0133
【営業本部棟】〒635-0025　奈良県大和高田市神楽 3-10-15
【第 1 広陵工場】〒635-0814　奈良県北葛城郡広陵町南郷 898
【第 2 高田工場】〒635-0082　奈良県大和高田市本郷町 9-17
【第 3 高田工場】〒635-0075　奈良県大和高田市大字野口 181
【京都研究開発部】〒612-8374　京都市伏見区治部町 105 番地
京都市成長産業創造センター内 3F
【京都 R&D オフィス】〒600-8815　京都市下京区中堂寺粟田町 93　KRP スタジオ棟

創業

1882 年 2 月（会社設立 1951 年 4 月）

資本金	従業員数
3,000 万円	72 名（薬剤師 5 名・博士号 2 名・医薬品登録販売者 3 名）

事業内容

医薬品の製造販売（家庭配置用医薬品、OTC 用医薬品）、健康補助食品や栄養機能食品の製造販売、機能性表示食品の製造販売、機能性成分の研究、HP 作成、動画作成、受託セミナー（健康関連・営業・経営関連）、システム開発販売、アプリ開発販売

理念

〈企業理念〉
時代を超え良品を市場へ提供し続けることを通じて、従業員と社会双方の充実感と豊かさを満たす

〈経営理念〉
1　業務を通じて、従業員とその家族の生活を守り笑顔で安心して人生を送る基盤を築ける職場であること
2　業務を通じて、人として成長できる職場であること
3　永続的な雇用確保のため、責任と義務をもって社業永続と発展のための利益を創出すること

https://www.a-kusuri.co.jp/

キーワードは「インフラ×農業」、地域から日本を活性化する

様々な人との〝ご縁〟が紡いだ新しいビジネスの可能性

N-PRO. 株式会社

代表取締役社長　**細見　直史**

みんなで地方を
元気にして、ゆくゆくは
日本全体を活性化
していければ理想的です

N-PRO.株式会社

N-PRO.株式会社は2023年3月に設立されたばかりの新しい会社だ。長らく橋梁などのインフラの設計や建設に携わってきた細見直史代表が弟と共に立ち上げた。橋など鋼の構造物の安全性の調査などを手掛ける「インフラ事業支援」、橋梁業界に携わる「人材教育事業支援」、日本の産業やインフラなど公的資産としての関連性が深い「農業事業支援」を業務の大きな3つの柱に据えている。

自身の経験と知見を活かして、「得意分野で何か社会に貢献できないか?」という想いも独立を後押ししたようだ。起業から1年足らずで、すでに様々な新しいプロジェクトの芽が育ち始めている。3つの事業はそれぞれあまり関連がない印象を受けるが、細見代表の頭の中には有機的に繋がった明確なビジョンが描かれている。そのキーワードが「インフラ×農業」で、日本を良くしようという壮大な目標を掲げている。

「人とのご縁」を大切にしている細見代表。独立後も多くの不思議な出会いに助けられているという。「困っている人を見たら放っておけない」性格だというが、そうした真摯な心構えが〝良縁〟を呼び込んでいるのかも知れない。

会社の立ち上げの背景には、生まれ育った環境も影響 父親の急逝がきっかけで起業を意識し始める

会社の立ち上げに至った背景には、細見代表が生まれ育った環境も影響している。黒豆などの特産品でも有名な兵庫県・丹波篠山市の農家に、双子の兄として生を受け、幼少期から自然豊かな環

覚悟を胸に双子の弟と共に起業を決意

境で育つ。父親の手伝いを通して農業を経験するかたわら、故郷の原風景の中にあった橋などの構造物にも魅かれるようになっていく。建設工学を学びたいと思い立ち、高校は国立舞鶴工業高等専門学校建設システム工業科へ進学。その後、岐阜大学工学部土木学科に編入学し、さらに建設工学の中でも橋梁の世界へのめり込んでいくことになる。

大学卒業後は、東京鐵骨橋梁（現、日本ファブテック）に入社する。2006年には、橋梁業界の〝ノーベル賞〟と言われる「土木学会田中賞（論文部門）」を受賞。会社の経営陣の応援もあり、設計や研究開発、製造など多忙な業務の合間を縫って勉強に励み、2009年には九州大学大学院で工学の博士号を取得した。将来を期待され、35歳で課長に抜擢。「会社に骨をうずめるつもりで仕事をしていた」と細見代表は当時を振り返る。

人生の岐路が訪れたのは4年前のことだった。実家で農業を営んでいた父親が急逝。突如として、家業を継がなくてはならない状況となった。告別式を終えた後、試みに豆の種付けなど父親が続けていた農作業を体験してみたが、「これが想像以上に難しく、大変な作業だった」という。考え悩んだ結果、実家の農業を弟に任せて、自身も違う形でサポートしていこうと思うようになった。この頃から、より自由に活動できる環境を求めて、「独立したい」という気持ちが高まっていった。

会社設立を目指し、自身に欠けている要素を補う目的で2020年、とある非破壊検査会社の技術部長として転職する。3年間在籍し、取締役として現場の経験を積んだ。「今まで研究開発、設計、製造、メンテナンスなどの仕事は経験してきたのですが、作業現場に出る機会がありませんでした。そこでその会社では現場の経験を積みたいと思いました」

独立の機は熟したと感じ、2023年3月に、N－PRO.株式会社を設立。代表取締役社長に就任した。インフラと農業を両立させるという新しいビジネスへの挑戦が始まった。

業務内容はインフラ、人材教育、農業という3つの大きな柱 幅広い出会いが新しい可能性を生む好循環に

社名のN－PRO.には、様々な意味が含まれている。Nの文字はネイチャーやナショナル、ネクストなど将来性を感じさせる言葉の頭文字。また後段のPRO.はプロフェッショナルとしての8つの〝誓い〟――プログレス（進歩）、プロアクティブ（先験的な）、プロデュース（遂行）など――の意味を込めた。細見代表の独立に際しての決意表明のような名前である。

業務内容は3つの大きな柱を掲げる。最も得意とする、橋など鋼の構造物の安全性の調査などを手掛ける「インフラ事業支援」をはじめ、橋梁業界に携わる企業に対する「人材教育事業支援」も手掛けている。

もう1つの柱である「農業事業支援」は、家業である農業から感化を受けたようだ。農業は日本の様々な産業やインフラなど公的資産の1つとして、重要な分野だと考えている細見代表。自身の得意分野である「インフラ事業支援」と効果的に掛け合わせていけないかという新たな挑戦でもある。

「インフラ事業支援」は16年に及ぶ経験や人脈の後押しもあり、順調に業容が拡大しつつある。新技術を活用した検討業務、損傷が生じた場合の構造物の安全性の診断、長大橋の伸縮装置（免震構造の主要部分）の取り換え工事における検討会への参加要請、数社の建設系コンサルタント会社との業務連携などを行っている。「人材教育事業支援」では、法政大学の兼任講師として、鋼材の力学研修を担当。さらに大手建設会社の従業員に向けた安全教育や技術サポートなども行うが、これは、自身の業務を説明し、知ってもらうまたとない機会で、「インフラ事業支援」を受注するきっかけにもなっているようだ。

不思議な〝ご縁〟にも巡り合えている。とある工事中の橋梁が落下するという事故が発生した際、マスメディアから解説してほしいという取材依頼があった。そのニュース映像を見た建設のメンテナンス企業から、「うちの社員の研修を担ってくれないか」という相談が舞い込んだのだという。「当社のウェブサイトを作った時は思いもよりませんでしたが、不思議なもので誰かが見ていてくださるものです。当社のサイトを見た方がおられて、メディアへ露出することとなり、それがきっかけで新しいご縁ができて受注に繋がりました」

インフラ事業支援を〝てこ〟に農業を通じた地方の活性化を目指す
地域経済の鎖の1つとして「お金を循環させること」が肝要

目下、細見代表の一番やりたい分野は「農業事業支援」だという。目的は、地方創生の礎になることである。そのために強みであるインフラ事業支援を〝てこ〟にして、農業を通じた地方の活性化を目指している。もちろん、自身の農業体験が大きく影響していることは言うまでもない。

農業も土木などと同様、国の重要なインフラ、公的資産だと捉えている。農業従事者が高齢化し、耕作放棄地の増加問題が指摘されて久しいが、細見代表はこうした現状に危機感を抱いている。「ひと昔前は兼業農家も多く、人件費やコストもそれほどかからなかった。しかし昨今は燃料代や飼料代が高騰し、働き手も不足している。儲からないので農業をあきらめる人が増えているのです」

高専時代の同級生と再会し、
繋がった志を同じくする仲間たち

日本の将来を展望した時、食料を自給自足できることはとても大事な要素の1つだと考えている。そのためには、地域経済を存続させる条件の1つとして、「お金を循環させること」が肝要だと語る。それこそが「真の持続可能性」だと認識している。「本来は農作物の作り手が正当な対価としての売値を決められるようにすべきなのですが、現状はそうなっていません。ビジネスとして成り立たなくなっているのが実情です」

あらゆることを試す、発信する必要性を感じた細見代表は、遅ればせながらSNSを始めたが、ここで農業の活性化に繋がる不思議な縁と巡り合うことになる。高専時代の同級生と何十年ぶりかで繋がったのである。

関西在住の彼女は、耕作放棄地を活用した安全な学校給食を提供しようと活動しているプロジェクト組織「ゆめプロ」のスタッフと知り合いだった。予期せぬところから、細見代表が模索する農業を通した地域活性化の1つの可能性が見つかったわけだ。「様々な人とのご縁が大切で、各人ができることをやり、みんなで地方を元気にして、ゆくゆくは日本全体を活性化していければ理想的です」

インフラと農業は人々の生活を豊かにする存在 地域経済として成り立つビジネスモデルを確立

細見代表が実現したいと考えているのが、「インフラ×農業」。得意分野のインフラ事業と農業を結び付けて、地方から日本を活性化することを夢見ている。インフラは社会資本、農業は自然資本。どちらも人々の生活を豊かにする存在で、なくてはならない資本である。この2つをうまく連携させながら、可能性を高めていけないかというのが細見代表の課題だ。

具体的にどういったことを模索しているのか、その一例を挙げる。橋梁の調査は人が目で見て各所の状態を確認するが、その調査を農業に従事している人が実施するというアイデアだ。地域の市町村の土木課や農業課がタイアップして、その土地の橋梁などの調査を地元の農家に依頼するというビジネスモデルである。N－PRO．は調査に当たる農家への専門的な技術研修などを高専と連携して協力する。

農家側からすれば、農閑期に橋の調査・点検という仕事――新しい収入源が確保できるというメリットがあるし、市町村は限られた予算の中で公共の業務を遂行することができる。地域でお金を回すという地に足の着いた現実的な取り組みが可能となる訳だ。「地元の人が地域の橋などを点検することで愛着も湧くでしょうし、経済を回すこともできます。橋梁点検ツアーなども企画できる可能性がありますし、有志と協業しながら取り組む構想があります」

地域経済として成り立つビジネスモデルを確立しながら、地方の活性化、農業の再興を目指す。その実現のために、今まで培ってきた技術や知識を総動員する。それを実行するために細見代表は起業したと言っても過言ではないだろう。「インフラと農業を接点にして、悩んでいることがあれば気軽に相談してほしいですね。一緒にクライアントと解決していくプロセスが好きなので、何かしら打開策が見つかるかも知れません」

一番大きな夢は「日本が世界のリーダーになること」『新しい幸福の価値観』を世界に発信していきたい

細見代表が抱く一番大きな夢は「日本が世界のリーダーになること」だという。極めて壮大な夢だが、代表の想いや目指す先、取り組み始めている仕事を見るにつれ、その方向性は一貫している観がある。地域を活性化し、その良い流れを日本全体に広げていくという大きな指標である。その先にあるのが「日本が世界のリーダーになる」という最終目標だ。「お金持ちになる、田舎でのどかな生活を送る——人が考える幸福像は一様ではありません。一人ひとりがそれぞれの幸福を感じられる社会を実現するのに必要な、『新しい幸福の価値観』を世界に発信できるのは何事も受け入れる受容性に富んだ日本だけだと思っています」

目的達成のためにやるべきことは山積している。会社組織を大きくすることはもちろん、優秀な人材も揃えなくてはならない。「社長の私自身が成長していかないと、社員も来てくれません。当社の仕事や会社そのものに魅力を感じてくれるようになれば……そういう企業体を作ることが理想ですね」

様々な人と出会い、理不尽な体験もあったという細見代表だが、「そういった全ての経験が自分の血肉になっていると思います。経営者として必要なことも周りの人から学ばせてもらいました」

新たな視点で見えてくる
農家の収入源となる可能性を秘めたインフラ資源

会社経営者としてのキャリアを歩み始めたばかりの細見代表だが、今までの経験はそのために必要な苦労だったのかも知れない。無限の可能性を秘めたＮＩＰＲＯ．の今後の成長ぶりに興味が尽きない。

President's Profile

細見　直史（ほそみ・なおふみ）

1979年生まれ。

2000年、国立舞鶴工業高等専門学校建設システム工業科を卒業。

2004年、岐阜大学大学院（土木工学専攻）を卒業。株式会社東京鐵骨橋梁（現・日本ファブテック株式会社）に入社。

2006年、土木学会田中賞（論文部門）を受賞。

2009年、九州大学大学院より博士（工学）の学位を取得。

2020年、非破壊検査会社の技術部長として執行役員に就任。

2023年3月、独立しN-PRO.株式会社を設立。代表取締役社長に就任。

Corporate Information

N-PRO.株式会社

N-PRO.株式会社

所在地

〒108-0075　東京都港区港南2-16-1　品川イーストタワー4F
TEL 03-6890-3967、070-4350-0001

設立

2023年

業務内容

・鉄骨、橋梁、鉄塔などの鋼構造物の調査、研究、技術開発ならびにコンサルティング業務
・上記に関する、各種の検査、診断ならびに補修工事
・農業に関するコンサルティング業務
・人材育成に関するコンサルティング業務

代表挨拶

「人と人とのつながりと　新たな技術で次なる価値へ」

人を育み、自然や社会を守り、価値の創出と社会の変革により、未来を創造する。

産学で学んだ鋼構造物の腐食と疲労の知見、橋梁の製作・設計・研究開発・調査・補修・非破壊検査などの現場で叩き込んだ技術、論文執筆で鍛えた論述構成、学会活動、業務協力で知り得た多様なパートナーとの共創を通じて、強靭な社会インフラの構築と国土保全に向け、技術の専門家として、先見的な方法を提案し、人と人との自然なつながりと、共創によるNatural Co-create Innovationを創出することで、次世代が安全安心に生活できる持続可能なまちと地域社会の実現に貢献していきます。

https://n-pro-co.com/

変革と転換期の只中にあるアパレル・繊維業界に新風吹き込む新たな挑戦

絶え間ない努力、人との出会いが好循環を生む

W.T.Japan株式会社

代表取締役　寺澤 徳政

自分が今まで
お世話になった所へ
いかに恩返ししていくか。
それが仕事の
原動力になっています

W.T.Japan株式会社

W・T・Japan株式会社は、長年アパレル業界で経験を積んできた寺澤徳政代表が2016年に立ち上げた会社だ。昨今のアパレル製品において重要な役割を占めるようになったOEM（相手先ブランド生産）やODM（相手先ブランドの企画・生産）をはじめ、コンサルタント業務やデータ・マーケット分析、販促品の企画・製造などを手掛けている。

会社設立のきっかけは、「新たな人生の可能性に挑戦したいという気持ちが高まっていた」ことが大きな後押しになった。会社員として働く日々に不満はなかったが、未知の世界への関心や、そこから受ける刺激や体験を求めている自分自身を意識するようになっていた。

起業後は周囲の人たちからの様々なサポートもあり、会社は順調に成長を続けている。海外ビジネスの拡大など未開拓の分野にも力を入れようとしており、ステップアップの機運が高まってきた。「継続は力なり」を座右の銘に据える寺澤代表。その言葉を実現するべく、地道な努力の毎日を過ごしている。

服の魅力に目覚めた青春時代、人生の指針にOEMとの出会い、ものづくりのやりがいを体感

そもそも寺澤代表がアパレル業界に足を踏み入れたのは「ご縁があったから」だという。最初に就職したのは、繊維専門商社のタキヒヨー株式会社（愛知県名古屋市）。元々アパレル企業を目指していた訳ではなかったが、面接を受けていく中で、その仕事の内容が「すごく面白そうだ」と感じたことが志望動機となった。

母校のサッカー部で講演会を行い、
トレーニングウエアには
スポンサーとして同社のロゴマークが

　高校生の頃に「ユニクロ」ブームでフリースが流行した時、街中に同じ服があふれているのを見て、毎日自分が着る服を選ぶことの大切さを考えるようになったという寺澤代表。「流行りの服を着るのもいいが、個性を主張できる着こなしがあるのではないか？」と。自己を表現するための服の役割について、おぼろげながら意識するきっかけになったのだろう。高校時代はサッカーに没頭していた寺澤代表だが、大学進学後は本格的にファッションに興味を抱くようになっていった。アパレル業界を選んだ背景には、青春時代のこうした体験も影響しているのかも知れない。

　２００５年に入社後は、アパレル製品のブランド製造やその企画、開発に携わる。いわゆる〝ものづくり〟と言われる分野で、服作りの主要部分である。婦人服を担当していたが、各ブランドの世界観を表現する必要があるため、製品のデザインやテイストなど企画できる範囲は限られていた。「もう少し視野を広げて企画をやりたい」と思っていた矢先、ＯＥＭと出会う。各々のブランドの世界観を維持しながら企画する点は同じだが、多種多様な服を手掛けることができる点に魅力を感じた。

　ＯＥＭとは、アパレルブランドから「この仕様、素材で服を作ってください」と依頼された製品を代行で生産する手法。商品の企画内容は依頼主から提供される。ODMも生産を依頼される点は同じだが、企画やデザインも担当するため、より高いスキルが要求される。先方から提供されたブランド観に沿ったデザインを生み出す必要がある。

2008年、OEMを手掛ける株式会社サードオフィスへ転職する。そこではOEMに加えて、ODMの業務にも携わった。寺澤代表が求めていた様々なブランドの企画、開発が経験できる環境でキャリアを積み上げていった。

一念発起し、人生のターニングポイントに起業を決断 周囲のサポートもあり、業績は上昇機運に

仕事は順風満帆で、充実した日々を過ごしていた寺澤代表だが、「新たなことに挑戦したい」という想いがくすぶり始める。独立して、自分の会社を作りたいという気持ちが高まっていったのだ。「何かしら刺激を受けながら仕事をするのが好きなのかも知れない」と語る寺澤代表だが、常に新しいことに挑戦するという積極性を見ると、その自己分析には説得力がある。

独立しようと思い立ったちょうどその折、子どもが生まれるタイミングが重なった。家族を養っていかなくてはならない状況で、多くの人は保守的になるものだが、寺澤代表は安定した生活から抜け出し、刺激のある新しい環境を求めた。「息子が生まれるという環境の変化は、自分を見直すまたとないきっかけになりました。これからの人生をどう生きていくのか。独立して1人でやってみようと決断したターニングポイントになりました」

2016年、W・T・Japanを設立し、新しいキャリアがスタートした。屋号は息子の名前をローマ字読みした英単語を基に命名した。「子どもと共に成長していく会社でありたいと思ったこと、また子どもが成人した時には立派な会社にしておきたいという願いも込めました」

主要な業務は、長年携わってきたアパレル製品に関連する企画や製造、OEMやODMだ。手探り状態で始まった業務だが、幸い周囲の協力もあり、次第に会社経営は安定していった。「独立当時の苦労は色々とありましたが、それよりも感謝の気持ちの方が多いですね。独立前に在籍していた会社の社長が心配してくださり、『一緒に仕事をやるか』と面倒を見てくださった。業務委託契約という形で色々な仕事をいただけるようになりました」

仕事を通じて会得したスキルが新しいサービスを創出 継続は力なり、業務のバリエーションがさらに拡大

会社設立からおよそ8年が経過し、扱う業務内容も現在ではアパレル製品の企画・製造・販売、OEM、ODM、コンサルタント業務、マーケットリサーチ・解析業務、販促品の企画・製造・販売にまで拡大した。これも会社運営を続けていく中で徐々に身に付いていったスキルである。

その中のコンサルタント業務も、日々の業務を通して会得していったものだ。アパレル製品ビジネスには「どうすればコストを下げることができるか、どうやったら品質を上げることができるか」という本質的な課題がある。「独立して、前職の業務を外から〝違った目線〟で見るようになると、社員として働いていた時には気付かなかったものを発見することがあります。『ここが課題だろう

な』と客観的に見ることができるようになる。こうした経験の積み重ねで、少しずつコンサルタント業務もできるようになっていきました」

独立したことで、同じ仕事でも見る角度が変わり、それが新しい気付きに繋がった。次第に個別の企業のコンサルタント業務も任されるようになっていった。

企業がイベントで配布するTシャツなどの販促物は、決められた予算枠の中で最適の製品、仕様を提案できる

販促品の企画・製造・販売も、OEMやODMなど過去の経験が生かされている業務だ。企業がイベントで配布するTシャツなどの販促物を手掛けるが、決められた予算枠の中で最適の製品、仕様を提案できるという強みがある。

マーケットリサーチやデータ分析も、日々の業務から生まれたサービスだ。昨今、ITの進化もあり「DtoC」（Direct to Consumer）という工場やメーカーが代理店などを通さず、直接エンドユーザーにアプローチして自社製品を販売するという仕組みを構築することが容易になった。メーカーと卸し、小売店を1社で担うという一気通貫の仕組みである。自己完結できるというメリットのあるDtoCだが、どんな顧客に自社の製品を販売するのか、市場調査も自前で実施する必要がある。検証と実行を重ねた販売計画の立案も不可欠だ。「年代や地域、性別など、どんな顧客に売れるのかを調べるのですが、その延長でマーケットリサーチもやるようになりました。売れた結果が蓄積されることで、顧客の情報も明らかになり、その動向を分析できるようになります」

まさしく〝継続は力なり〟。年々、会社のスキルが向上し、手掛ける業務内容も拡大していった。

人との出会い、良縁に恵まれた会社経営お世話になった人への恩返しが原動力に

現在では、実績を積んで歴史も重ね、さらなる業容の拡大に取り掛かるまでに会社は成長したが、「当初の予想とは全く異なる展開になった」と寺澤代表は振り返る。「自身の力でどこまでできるか、という挑戦でもありましたが、正直『こういう会社にしたい』という具体的なビジョンはありませんでした」

これまで会社を存続できているのは、「周囲の人たちとのご縁とサポート」があったからだという。前職の先輩に紹介してもらったある企業とは今も付き合いがある。縁が縁を呼び、それが相乗効果を発揮して会社が育っていったということなのだろう。しかし、寺澤代表自身の努力が良縁を呼び寄せた一面もある。「手前味噌ですが、お世話になったお客さんのために必死にがんばってきたなと。お客さんが喜んでくれてその結果、自分の売り上げができる。やりがいのある仕事だと思います。小学生の時、先生に教えてもらった『努力は現れる』という言葉が、今でも心の中に残っています」

寺澤代表が39歳になった時、先輩から「39歳はサンキュー（39）だと。周りの人に感謝することを考えた方がいい」と言われた言葉が後押しになり、「ここまでやってこられたことに感謝すべきだ」

と思い立った。サッカー部のOBとして母校で講演会にも協力した。また部活動のトレーニングウェアにはスポンサーとして自社のロゴマークを入れてもらっている。「自分が今までお世話になった所へいかに恩返ししていくか。それが仕事の原動力になっています」

自社製品を自ら販売するDtoCビジネスを本格化 イタリアの顧客と接点、海外販売も視野に入れる

今後の目標は、第一に会社を発展・成長させること。そのため、主業務になっているOEMやODM業務を継続しつつ、DtoCなどの新規分野への挑戦も本格化する。DtoC事業は前職の会社社長と協業して目下、強化中だ。自社ブランド、自社製品を自ら販売するという体制作りを進めている。

得意先の意向が反映されるOEMやODM業務と比べ、DtoCは自分たちでコントロールできるという利点がある。生産計画や販売予測など難しい面もあるが、データを蓄積していけばその精度は高まっていく。「DtoCは我々で企画し、展開時期や販売価格、生産枚数、販売計画までを自分たちで決めています。OEMやODMも並行して続けますが、海外など新しい販路の開拓も視野に入れています」

2023年6月、外国のアパレル企業との接点を開拓するべく、初めてイタリアの展示会へ出向いた。そこで新たな縁と巡り合い、新規の仕事に取り組むことになった。日本製のアパレル製品を国外へ販売するという挑戦である。

寺澤代表の継続した努力が良縁を引き寄せ、さらに進む道が開けていくという好循環になっている観がある。当面の強化ポイントであるＤｔｏＣと海外ビジネスも、絶え間ない努力が繋いだ良縁と言えるだろう。

「やはり努力の積み重ねが大事だと思っています。それに加え、『誰と仕事をするか』も大切な要素ではないでしょうか。同じ価値観を共有できる方たちとご一緒できるのが理想だと思います。そういった方に『こいつは面白いぞ』と感じてもらえれば最高ですね。今までそういった方々とのご縁で仕事ができてきましたから」

「努力の積み重ねに加え、『誰と仕事をするか』も大切な要素ではないでしょうか。
同じ価値観を共有できる方たちとご一緒できるのが理想だと思います」

社名の由来にもなっている自身の息子が成人を迎えるまで、まだ10年以上の月日がある。それまでに立派な会社に成長させることが寺澤代表の大きな目標の1つであるが、絶え間ない努力と良き縁に恵まれる限り、その実現もそう難しくはなさそうである。

President's Profile

寺澤　徳政（てらさわ・のりまさ）

1982年生まれ。慶應義塾大学商学部を卒業。
2005年、タキヒヨー株式会社に入社。卸、小売りブランドを担当。
2008年、株式会社サードオフィスに入社。OEM、ODM事業に携わる。
2016年、独立し、W.T.Japanを設立。代表取締役に就任。
繊維製品品質管理士（TES）資格保有。JEANS SOMMELIER資格取得。

Corporate Information

W.T.Japan株式会社

W.T.Japan

所在地

〒340-0041　埼玉県草加市松原1-8-18-415
MAIL　n-terasawa@wtjapan.com

設立

2016年

資本金

300万円

業務内容

アパレル製品の企画製造販売
アパレル製品のOEM・ODM
製造に関わるコンサルタント業務
営業代行業務
マーケットリサーチ業務
データ分析業務
販促品の企画製造販売

仕事のモットー

・相手のために（相手あっての自分）
・すぐやる、必ずやる（言葉より行動）
・素直であること（誠実、真摯）
・やり続けること（継続は力なり）
・ご縁を繋ぐこと（ご縁に感謝）

https://www.wtjapan.com/

超越的発想力と行動力で
時代の最先端を走り続ける

ンタラクティブムービーを始めとした動画の展開で更なる飛躍

超想工房株式会社

代表取締役社長　赤平 久行

指示するだけで
リスクの外側にいる
コンサルでは、
ベンチャーは
立ち上がりません

超想工房株式会社

1999年、iモード発表によるメールやアフィリエイト広告の増加。2000年代、検索エンジンを利用したリスティング広告が定着。2007年、iPhoneの発売。2010年代にはSNSの流行が加速しターゲティング広告が普及した。

このようにコンテンツの移り変わりによって、広告業界は約10年毎に大きな波を迎えている。iPhone発表の年、日本の広告業界全体の売り上げは7兆円超。次にそれと同等の金額に達したのは2022年、YouTubeなど動画サイトの広告の台頭によるものだ。そんなコンテンツ隆盛の波に乗り、時代の最先端を走ってきたのが、現場寄り添い型のコンサルティングを行う超想工房株式会社の代表取締役社長、赤平久行氏である。

映像系サービスの充実コンサルティング インタラクティブムービーなど視聴者を離さない動画制作

同社のHPでは多くの動画を見ることが出来る。どれを見ても、耳に残るジングル、カメラの切り替え、軽妙な会話、適度な長さなどから〝魅せる〟工夫に感心を抱く。同社はそんな動画作りで、様々な企業のコンサルティングを行う。

たとえば、近隣にある化粧品メーカーは大手広告代理店と強固な関係を築いていた。しかし、YouTubeでのブランディングに苦労していたため、そこから同社が入り込むことに成功したという。映像系からブランディングし、徐々に関わりを広げていく手法だ。

映像系のサービスとして売り出しているのは、展示会にも出展したインタラクティブムービー。

専門家でなければ分からない映像から離脱したタイミング、その対策の打ち方がはっきり分かるサービスだ。

「通常の映像は一方的に流れるだけ、つまらなければ途中で去ってしまうことも。しかし、途中で別の展開を提示することができれば、離脱せずそちらへ移ってもらえるわけです」

会社案内として使用している例では、社長のメッセージが流れた後、話が理解できたかを視聴者に聞き、問題がなければ採用課の話へ。理解が不十分であれば、詳しい会社紹介の動画を見ることができる。ただ見るだけではなく分岐型で映像を選択し、見る側が次の展開を選ぶことができるのだ。

人々を驚かせるような新しい発想が生まれるオフィス

インタラクティブムービーの制作は最低100万円からのコースを用意。収録は1日で行い、シナリオや撮影スケジュールの作成は全て同社が担当する。決して安い金額ではないが、大手企業で採用や製品サポートなどに活用され非常に好評。今後も優秀なスタッフと共に展開を続けていく予定だ。
この新しい時代に沿ったサービスの発想、実行は、正に〝超想工房〟という名前にふさわしいものだろう。

実績を積み上げ超想工房を立ち上げる
吃驚させるようなクリエイティブを発揮できる企業へ

超想工房株式会社

では、この超想工房という会社ができるまで、赤平社長はどのような道程を歩んできたのだろうか。大学卒業後、ソフトウェア開発会社の営業職を経て、金融コンサルをしていた赤平社長。クライアントでもある友人から「独立したい、面白いことはできないか」と相談を受けた。1999年のことだ。「i-モードが始まった年だったので、その時話していたファミレスのペーパーの裏にクライアントサーバーシステムとインターネットを繋げる仕組みを絵に描きました。その仕組みが面白そうだったので仲間とEPARKを始めたのです」

現在は飲食店や病院などで当たり前のように使用される、EPARKの順番待ち・予約システム。すぐにベンチャーキャピタルへ紹介され、仕組みをプレゼンする機会を得た。そこで「某回転寿司チェーンへプレゼンし、成功したら投資する」と言われ、プレゼンに出向く。すると順調に話が進んだ。そうして投資を受け、EPARKを事業化することとなった。この際は、サポートや設置、24時間のクレーム受付も全て赤平社長自らが行った。「最初は上の者がお金、事業、仕事、株主、全てを背負わなければ上手くいきません」と実感を込めて語る。

しばらくして、エスアイヤーをしていた赤平社長は、立て直しで苦労していたモバイルマーケティング専門企業モバイルゲートのコンサルへ入った。籍を移し役員になり本格的な立て直しを試みたが、結果は上手くいかず、会社を清算する提案が出る。しかし赤平社長はそのまま見捨てることをせず、株式を全て買い取り代表となった。そして、縁があった株式会社堀内カラーの当時の代表 堀内洋司氏に「個人として半分援助のような形で会社の資本を60%持っていただき、堀内カラーの兄弟会社として再出発することになったのです」

2010年には屋号を現在の超想工房株式会社へ。「私が考えた候補の中から、堀内社長に『これが1番赤平くんらしい』と選んでいただきました」

この名には営業時代に抱いた忸怩たる想いも込められている。売り上げを上げても月毎にリセットされるもどかしさ。そして他部署から「『どうせ営業しかできない』という見方をされていました。営業は技術の塊だというのに、技術がないと思われていたのです」

そのため、人の想像を超え、吃驚させるようなクリエイティブを発揮できる企業にしようと、『超想工房』と名付けたのだ。

FIELD BRANDING、FIELD MARKETING 現場で寄り添い伴走者となるコンサルティング

同社のコンサルで特筆すべきは、よくあるBRANDING、MARKETINGの頭にFIELDを付ける、現場寄り添い型のサービスを行う点だろう。「サービサーとユーザーが強い絆で結ばれる『sympatheticknmarridge』、共感し結び付くためのお手伝いをしています」

経営理念としては、社名に込めた意味の他に『きちんと汗をかく』を挙げる。クライアントの伴走者となり、現場で長期間のコンサルタントをするのだ。

他社であれば1年程で提案が尽き契約が終わることが多い。しかし赤平代表は「それは現場を知らないから」だと断言する。ノウハウ・知識があり、商品の出来がよくても現場を知らなければ机上の空論。「常に現場で差異を埋める作業をし、クライアントと伴に走り続ける。長年に渡ってお付き合いできるのは、それが役に立っている何よりの証拠でしょう」

また、クライアントから「自分で商売もできない癖に」と言われたことを受けて、EC専門のサ

プリメントメーカーであるホットストアの経営にも取り組んだ。このような現場を知るための取り組みは枚挙にいとまがない。

「指示するだけでリスクの外側にいるコンサルでは、ベンチャーは立ち上がりません。私はEPARK立ち上げ時に全て自分でやりました。それと同じことをやって教えてあげないと」

歩んで来た道程から来る確かな自信と説得力がある言葉だった。

企業に寄り添い、現場と親しみ、街を生む数々の実績 自らを犠牲にする程の寄り添いがコンサルティングの本質

FIELDの大切さは多くの経験から語られるもの。中でも印象的なお話を伺った。

「ボスと呼び尊敬する藤本真佐さんという実業家がいます。CCC（カルチュア・コンビニエンス・クラブ）の偉い方でデジタルハリウッドやアイ・エム・ジェイの創業者。たまたま彼と仕事をする機会に恵まれ、業務委託の形でCCCの名刺を任されました」という。「ボスは有名な実業家なのに自ら現場や飛び込み営業に行きます。そんなボスとコンビニチェーンの案件で〝どうしたら冷凍食品が売れるか〟という課題に取り組んだ時のことです」

当初、赤平社長は同僚らとポイントカードに関する提案をしたが、藤本氏は「まず現場を知らないと。店舗に行ってどんな冷凍食品があるか1週間調査しよう」と提案。赤平社長らは様々な店舗を回り、売れ筋商品や価格の調査などを行った。そうして調査結果を持って行った際に、藤本氏が自分たちとは全く違うアプローチをしていたことを知る。

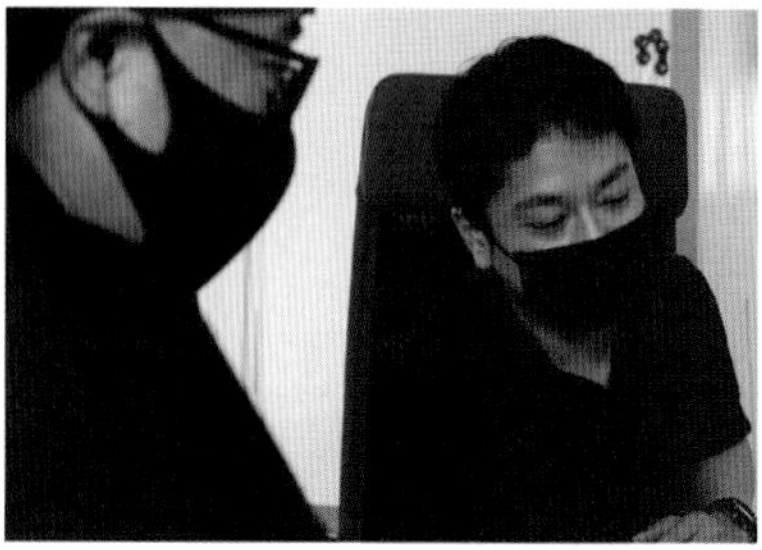

現場でクライアントに寄り添ったコンサルティングを行う

「そのコンビニが出している何十種類もの冷凍食品を、朝昼晩おやつや夜食まで使って、1週間で全て食べていたのです。そうして価格、満足度、美味しさ、表記の解凍時間の良し悪しについてまで調査していました」

「私も今日から全部食べてみます!」と言ったところ「具合が悪くなるから真似するな」と言われたが、強烈なインパクトだった。「自分の身を犠牲にするくらいやらないと本当にお客様に寄り添ったとは言えない。そう身をもって教えてくれました」

藤本氏とは、沖縄で各家庭にタブレットを配り、広告やクーポンを配信する新規事業の立ち上げも行った。どのくらい地元に還元されるかについては、以前三重県で国の実証実験も行われていたが、沖縄で実施するにおいても実現性の確認は必要だ。「土着して現地の人と膝を突き合わせないと、沖縄でのビジネスの仕方は分からない」という藤本氏の言に沿い、共に2年間沖縄へ移住。ほぼマンツーマン、24時間組んで仕事をし、仕事の仕方や地域による住民の気質の差について学んだ。

また個人としては2013年、以前から行っていた資金調達に関するセミナーが縁を結び、東北の某市の役人から「東日本大震災の惨事から街を再生するために作る、一般社団法人の陣頭指揮を執る人材を全国から募集している。赤平さんに、その候補の1人となって欲しい」と連絡がきた。「応募してみたら常務理事となり、現地で2年間かけて、ぐちゃぐちゃの状態から街を作っていきました。助成金はいつか枯渇するため、産業を生むための街づくりです」

現在は、高台に綺麗な団地、最悪の事態が起こったとしてもライフラインが止まらない災害に強い街ができ、そこに人々が暮らしている。「街を作り産業を生んだ。私にとって1つの、大きな実績です」

クライアントに耀きを招聘する〝YO・U・HE・I〟豊かな生活を送れる最低年収1000万円の企業を目指して

数多の現場で人々と関わってきた赤平社長だからこそ行えるビジネスもある。経営者や専門家を組織、事例に合わせて派遣しコンサルする〝YO・U・HE・I〟。漢字では、傭兵ではなく〝耀聘〟と書く。耀は『かがやき』、聘は『まねく』という意味だ。HPから問い合わせを受け、商品として可能性があると感じたものは、立ち上がりまで伴に歩んでいく。事例としては、コロナ禍で空調設備会社が開発したウイルスの流れが分かるツールをコンサルティング。事業計画を作って資金繰り、商品政策、プレスリリースの製作、予算に合わせた効率的なプロモーションを行いリクープさせている。

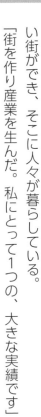

正社員7名、副業が6～7人という布陣で取り組むこのサービス。需要は多いが、長い現場の場合は5年を超えるなど1度始めるとスパンが長く、多くの案件を抱えることはできない。そのため、今後正社員を倍ほどに増員、副業の人材も増やす予定でいる。副業とはいうがインセンティブ制度を設けているため、成績がよければ本業と給与が逆転する程だ。

人材の選定条件は厳しく、「自分から売り込んでくる人は採用しません。何年かお仕事をご一緒した方に声をかけ、それから半年間副業で当社の仕事をしてもらう。そこで、素質などが見えなければ入社をお断りしています。在籍しているのは、年齢など関係なく信頼できる方ばかりです」。また、「自分の力で幸せになろうと思っているかが大事です。そうではない人ほど物事を他人のせいする。加えて、自分を悪く言う人はいけません。そういう人を社内に置かないことは基本です」と語った。

そして、「個人が立たない事業は駄目だと思います。個人が動くための看板として会社がある。当社は個人ありきの方針でありたい」という。赤平社長の手で選び抜かれた精鋭が、個人として動ける場所として同社があるのだ。

今後採用したい人材としては、大企業の第一線で働いていた人物。「50代程で疲れて退職した方を当社で再雇用。本来のパフォーマンスが発揮できるよう、楽な気持ちになれる環境を用意する。そうすると私たちが開けない扉を、彼らが開いてくれます」

信頼できる精鋭たちが豊かな生活を送れるよう、最低年収1000万円を目指す

社是を『やったらやった分だけ稼ぎましょう』『豊かな生活を送りましょう』だと語る赤平社長。展望として、「当社の最低年収を1000万円にしたい。そうなるまで大幅に人を増やさず、中にいる人がこれを享受できるようにする。それも会社のテーマです」

また、年商10億円を目指し「お金がない時期に助けてくださった、堀内社長に恩返しがしたい。同社の規模とステータスを上げ、本当の意味で兄弟会社として堀内カラーをアシストできるような立ち位置にしたいのです」と、恩人に報いることを誓った。

超越的な発想力や商品と、現場での寄り添いから、クライアントを輝かせる超想工房。これからも赤平社長と信頼のメンバーの活躍によって、多くの耀きをフィールドに生み出していく。

President's Profile

赤平　久行（あかひら・ひさゆき）

1970 年生まれ、神奈川県出身。
1992 年、拓殖大学外国語学部中国語学科卒業。
1995 年、株式会社アイ・ジー・エス入社。
1996 年、株式会社エヌエムシイ入社。
2002 年、ニューロン株式会社 設立。副社長兼 COO に就任。「EPARK」事業の事業計画立案。
2007 年、事業売却。株式会社アドービジネスコンサルタント 入社。
2010 年、モバイルゲート株式会社 代表取締役に就任。同年、超想工房株式会社へ社名変更。
2012 年、東日本大震災からの復興に向け復興庁と共に立上げた、一般社団法人東松島みらいとし機構（HOPE）常務理事 就任。
2016 年、ホットストア株式会社、代表取締役 就任。2020 年、Y・O・U・H・E・I を立ち上げる。
趣味は愛犬、筋トレやサーフィンなどの運動、格闘技観戦。豊かな生活を維持するという気概を込めて 20 代の頃から 10 万円以下のスーツは着ない。セルフブランディングの意味もあり体系維持には気をつけている。

〈役職〉
超想工房株式会社、代表取締役。ホットストア株式会社、代表取締役。一般社団法人東松島みらいとし機構、スーパーバイザー。

Corporate Information

超想工房株式会社

所在地		
〒 106-0032　東京都港区六本木 5-9-20　六本木イグノポールビル 301		
設立	資本金	従業員数
2005 年 12 月	2,000 万円	7 名

事業内容

量的調査・ブランド調査実施・分析
▼
ターゲティングに即したロケーション調査
▼
ロケーションでの FIELD マーケティングの実施・分析・戦略策定
▼
フィールドマーケティングに即したクリエイティブ製作

概念・理念

FIELD BRANDING、FIELD MARKETING
フィールドブランディング / フィールドマーケティングを通じて、サービサー（メーカーとユーザーが強い絆で結ばれる "sympathetick marridge" 「共感し結び付く」。常にクライアント様の伴走者として、寄り添い方でのお手伝いと、想像を越えるクリエイティブを提供し続けてまいる所存です。

https://chousou.net/

売り手を助け、買い手にも貢献する〝三方良し〟のこだわり

なせば成る」――有言実行で目的を成し遂げる実行力

株式会社 日本不動産パートナーズ

代表取締役 青木 晋市

「人間は、がんばれば
実現できないことはない」
ということを自ら証明
したいと思います

将来の独立を思い描き、就職先に信託銀行を選択
起業後4年が経過、業容は着実に拡大中

事業向け不動産などのコンサルティング仲介や不動産の有効活用を主業務にする株式会社 日本不動産パートナーズ。三井住友信託銀行でおよそ30年にわたり、不動産事業を中心に豊富な経験を積んできた青木晋市代表が2020年1月に立ち上げた個性派の企業である。

法律など専門知識が必要なこともあり、素人にはなかなか理解し辛い不動産業界。しかも値段はかなり高額になる。そうした不安を払拭するために、売買を分かりやすく説明するコンサルタントサービスを提供した上で、素早い対応かつ、最高価格を実現することがセールスポイントだ。同社を利用した顧客からは、絶大な信頼を集めている。

「手数料が高い」「活動内容が不透明」「時間がかかる」といった悩みを払拭し、不動産業界に「最高価格で売買する」という新しい風を吹き込むことが、青木代表が会社を設立するに至った大きな原動力だ。売り手の手数料は原則、無料。とっつきにくいイメージの不動産にアプローチする際の敷居も低くしており、顧客が相談しやすい環境を整えている。

最も大切にしているのは顧客第一主義。売り手の物件を最高価格で速やかに売却すること、損をさせない、納得のいく価格で売却することが最大の顧客満足だと考えている。「売り手良し、買い手良し、世間良し」の三方良しではないが、今までなかった不動産仲介ビジネスの確立を目指している。

有言実行の行動力と的確なニーズ把握で
不動産売買をサポートする青木代表

青木代表は京都で生まれ育った。幼少期に父を亡くし、母子家庭という環境だったが、高校生の頃はサッカーに熱中するスポーツ青年。青春時代は活動的だった。

青木代表が独立を考え始めたのは相当早い段階だった。大学卒業後には既に将来の独立を思い描き、住友信託銀行（現三井住友信託銀行）への就職を選択する。背景には、不動産仲介ができるのは銀行の中でも信託銀行だけという理由があった。不動産仲介に関わる仕事を選んだのは「父が地元で小さな不動産業を営んでいたことが影響しているのかも知れません。大学卒業時にはキャリアを積んで独立し、起業したいと考えていました」

銀行へ入行後は、現在主業務にしている不動産仲介をはじめ、不動産投資や企業融資、人事部、不動産企画部などを渡り歩く。最年少で不動産部長に抜擢されるなど、将来を嘱望される人材として、本部の管理業務、営業業務など幅広い部署の仕事を歴任し、着実にスキルを高めていった。約30年の在籍の間に東名阪の拠点ビルで活躍した。

そして、名古屋への転勤を機に、長年温めていた独立という計画を実行する。

2020年1月に日本不動産パートナーズを設立、満を持しての起業だった。それから4年が経過したが、スタッフも50人ほどに増え、名古屋本社の他に東京・大阪・福岡と4つの主要都市に事務所を構えるまでになった。買い手の業務提携先は約1万社までに増加、業容は着実に拡大している。

数十億から百億円規模の不動産を得意にする
売り手と買い手のニーズを的確に把握、時間をかけずベストマッチング

主要な業務は、事業向け不動産などのコンサルティング仲介や不動産の有効活用のアドバイス。メインで行っているのが不動産売買の仲介業務である。一般住宅を除く3億円以上の物件を扱っており、中でも数十億から百億円規模の不動産を得意にしている。また、2023年9月には株式会社真成エステートをグループ化した。同社は3億円未満の一般住宅等を扱っていて、本社と業務内容を住み分けることで、さらに多くの顧客ニーズに応えていく体制が強化された。

専門知識や経験、コネクションが不可欠な不動産業界。素人ではなかなか理解できない点が多く、相場よりも安く売却してしまうというケースも珍しくない。当然、売り手としては少しでも高く売りたいところだが、それにはノウハウが必要となる。こうした売り先に困っているオーナーをサポートするのが同社の最も得意とするところである。

相談された顧客の物件を精査し、約3000社の買い手の中から適切な対象を見つける。仲介業者を挟まず、青木代表率いる同社の担当者が直に売り手と買い手の間に入るため、成約までの所要時間が短くなる上、情報漏えいの心配もない。売り手も最高価格で物件を売却することができるという大きなメリットがある。

得をするのは売り手だけではない。買い手も欲しかった物件を手に入れることができる。売り手

と買い手のニーズを的確に把握し、時間をかけずベストマッチングを紹介、提案できる同社の強みがあればこそ可能になる取引だ。

「不動産売買に詳しくない素人の方を助けたい」と語る青木代表。中には無知な売り手から安く物件を買い、それを高く転売して儲けるという業者もいるという。こうした業界の体質や商習慣を改革したいという想いも強いようだ。「転売で儲けることは、当社では原則としてやりません。最高価格で売買してもらうのが基本で、買い手の顧客からは相場である3%の手数料をいただいています。売り手の手数料は原則無料です。顧客の信頼を得られなければ、会社も発展しませんから」

不動産売買に詳しくない売り手を救うことが第一義だが、結果的には買い手を助けることにも繋がっている。近江商人ではないが、まさに〝三方良し〟のビジネススタイルだ。

色々な部署の経験が、経営者に必要な素養を培ってくれた「自己の成長を目指す、前向きで素直な人」が最も伸び代が大きい

顧客目線の経営スタンスを生んだ陰には、多様な青木代表の勤務歴も貢献しているようだ。大組織の様々な部署に所属してきた様々な経験が、経営者に必要な素養を培ってくれた一面がある。その一例が、不動産部長に就任した時のエピソードだ。着任早々、スタッフ全員と面談。その反応や情報を基に、わずか1カ月ほどで組織の体制を作り変えた。それまで女性社員はお茶くみを担当していたがこれを廃止。さらに、売り物件の依頼があった際は、女性社員がその情報をリストアップし、顧客へ発信するように体制を整えた。女性の人材もフルに活用しようという試みが結果を生

み、成約率も高まったようだ。「お茶くみに関しては、各人がペットボトルのお茶を買えば事足りますから、そのように仕組みを替えました。体制変更後は売り上げにも繋がりましたから、部下も喜んでくれましたね」

やるからには目標を達成する――有言実行が信条の青木代表ならではのエピソードである。任期中のノルマ達成率は高く、業績も大きく伸ばすという実績を残したのだった。

人材登用という点は、会社経営において大切な要素の1つと言えるだろう。会社設立時には、1000人を超える希望者と面接を実施し、厳選した人材を採用した。

コンサルタントや不動産業などの業務経験は「なくても構わない」と考えている青木代表。その理由を「変に経験があると癖がついてしまい、新しいことを吸収し辛くなるから」だと説明する。「常に自己の成長を目指す、前向きで素直な人」が最も伸び代が大きいと考えている。「30歳を過ぎた頃から思い始めたのは、人はどんな仕事でも3カ月がんばれば一人前になれる、ということ。最後はやる気、ハートの問題だと思います」

経験に裏打ちされた価値観なのだろう。日本不動産パートナーズには、そんな熱いハートを持ち合わせたスタッフが集まっている。真摯に顧客の声を拾える人材がいるからこそ、顧客の信頼を得られる体制が構築できている。

フットワークの軽さ、買い手との密な情報網が強みに積み上げてきた実績が顧客の信頼に繋がる

社員のやる気を尊重した経営スタイルで業績もアップ

ここで、同社が仲を取り持った顧客の声をいくつか紹介する。売買代金が5億円以上の売り手は、同社を含め10数社に所有する物件の売却を相談していたが、一番早く買い手を探してきたのが日本不動産パートナーズだった。大手不動産にも依頼したが反応が鈍く、返答も遅かった。スピード感、ビジネスマッチングという点で、他社との差別化が図れた事例だ。

そのほか、10年もの間、一向に売却話が進まなかった物件の事例では、1年足らずで売買が具体化したというケースもある。買い手と直接繋がっているネットワークの強みが発揮された好例だろう。

また、当初予定していた先とは別の買い手に売却が決まったケースもある。同社が間に入り、複数の買い手に交渉したところ、最も条件の良い価格での売却が実現した。売却額は当初の2倍近い価格になった。

現在進行形の例では、とある上場企業か

ら店舗の統廃合を頼まれている案件がある。同社が専属専任で進めている仕事で、その信頼度の高さが伺える。

こうした数々の実例を見ていくと、なぜ相談料を無料にして〝敷居を低く〟しているか、その理由を伺い知ることができる。新規の顧客との縁がきっかけとなって、新しいビジネスに発展していく可能性が大きいからだ。フットワークの軽さ、買い手との密な情報網など、強みが十二分に発揮されている。

中長期案件も差別化の1つだ。大手不動産企業では担当者が3年程度で入れ替わることが多いそうだが、そうなると引き継ぎも煩雑になる上、継続した顧客対応が難しくなる。その点、基本的に担当者が替わらない同社では5年、10年と長期で顧客管理を続けることができる。こうした点も住み分け策の1つになっている。

当面の最大の目的は「数年内に上場すること」外資系の買い手への対応強化も今後の取り組み課題の1つ

創業から丸4年が経過した同社だが、当面の最大の目的は「上場すること」である。「現在の仲介業だけでは経営基盤が不充分なので、さらに安定した事業の構築が必要だと考えています。社員のため、会社を発展させるためにも絶対に上場したい」

最近、問い合わせが増えている外資系の買い手への対応強化も今後の課題の1つだ。青木代表は不動産鑑定士・証券アナリスト（CMA）・宅地建物取引士など様々な資格を有している多才な経

上場を目指し新規分野も積極的に開拓していく

営者だが、米国に本拠を置く不動産会社、ジョーンズラングラサールのシニアアドバイザーも務めている。外資系の情報に触れることのできる、こうした接点を活用した新しいアプローチの可能性も無限大だ。今後、成長が期待できる新規分野でもある。

経営理念は、江戸中期・米沢藩の大名で〝名君〟と称される上杉鷹山《うえすぎようざん》が残した有名な言葉「なせば成る　なさねば成らぬ何事も　成らぬは人のなさぬなりけり」。有言実行、必ず成し遂げることを信条にする青木代表らしさが表われた内容だ。「早くに亡くなった父が好きだった言葉でもあります。『人間は、がんばれば実現できないことはない』ということを自ら証明したいと思います」

まさに自身が語ったことを実現させていくその積極的な姿勢が、青木代表の最大の持ち味だろう。「60歳までに上場して会社を他の経営者に引き継ぎ、自分は新しいことに挑戦したい」と将来設計を語る青木代表だが、現在の勇猛果敢な積極姿勢を見ていると、その時期は予想以上に早まるかも知れない。青木代表の今後の活躍に期待が高まる。

President's Profile

青木　晋市（あおき・しんいち）

1969年生まれ。

1991年3月、同志社大学法学部法律学科を卒業後、住友信託銀行（現三井住友信託銀行）に入社。約30年にわたり、不動産仲介、不動産投資、企業融資、人事部、不動産企画部などを経験。最年少で不動産部長に就任。国税局路線価評価委員・不動産証券化協会の委員等の役職も歴任。

2020年1月、株式会社 日本不動産パートナーズを設立、代表取締役に就任。

Corporate Information

株式会社 日本不動産パートナーズ

事業用・投資用不動産の売買・有効活用のことなら
株式会社
日本不動産パートナーズ

所　在　地

〒450-0002　名古屋市中村区名駅3-9-6 アルティメイト名駅2nd 6F

設　立

2020年

資本金	従業員数
1,000万円	約50名

事　業　内　容

事業用不動産等のコンサルティング仲介
不動産の有効活用

代表挨拶

日本の不動産所有者の方に、寄り添いたい
不動産は初心者・素人の方が損をします。
これを抜本的に改革したい。という想いから会社を立ち上げました。
日本不動産パートナーズは貴方の味方です。
大型不動産や都心の不動産所有の方、
不動産業界の仕組みも含めて、全てご説明致します。
ご納得頂ける結果を、お約束します。

https://www.nfp.jp/

世界で活躍し新たな〝当たり前〟を作り出すインテリアデザイナー

クライアントの条件と自らが信じるものを掛け合わせて

株式会社ドイルコレクション

代表取締役　井上 愛之

カタチがいずれ
なくなったとしても
後にその時代を代表する
資料となる、永く残る
ものをどう作るかという
ことです

ロココ、アールヌーヴォー、アーツアンドクラフツなどという言葉を聞いたことがあるはずだ。近代日本の大正ロマン、昭和レトロなどの言葉であれば、すぐに当時のアイコンとなるようなイメージも浮かぶだろう。

そのように、いつか現在を思い浮かべる時のアイコンになると確信させられるのが、株式会社ドイルコレクションのインテリアデザインだ。代表取締役を務める井上愛之氏は、数々の受賞歴を持つインテリアデザイナー。手掛けたものを見れば、色の選び方、照明、曲線や直線の使い方一つひとつからその手腕が伝わってくる。正に時代を代表するデザイナーである。

『自分を信じる』×『常にクライアント目線』クライアントと考え方をシェアし正解のデザインを導く

「アートは自ら作りたい形を発信するもの。一方デザインは与えられた条件に対するアンサーです。その条件をどう正しく問うか、それを大事にデザインしています」

アーティストとデザイナーの違いを評する言葉として的確なものだろう。

「格好良い、可愛いなど過度な得意分野へのフォーカスもしません。できることが偏ってしまいますから」という言は、デザイナーの鑑であるように響いた。

同社では主にレストラン、バー、カフェ、ホテルなどの飲食店を中心に、生活に必要な〝ホスピタリティ〟というカテゴリのデザインを手掛ける。そのため井上代表の生活そのものがインプット。公私の境目が曖昧になるような日々を過ごしている。

デザインする際に心掛けているのは『自分を信じる』『常にクライアント目線』という一見相反する2軸を上手く対比させることだ。クライアントと考え方をシェアし、その立場ならどうするかを考えた上で、自分の考えを加える。「それがなければクライアントと同じ悩みを抱えるだけ。自分が信じるものを最終的に形にして見せなければ」

海外では、人種や文化に合わせた配慮も必要になる。明るい色の瞳は暗い瞳に比べ光を眩しく感じ、見える色の種類も違うため照明に配慮が必要。文化によるパーソナルスペースの違いで席の間隔も広狭が変わる。そんな情報を現地で吸収するが、要素を混ぜるだけで固定観念は持たないニュートラルな状態で取り組んでいる。

飲食店のデザインは店舗経営に直結する。「このデザインが正解だ」と言い切るには勇気が必要だ。しかし「私がデザインした店舗とクライアントが提供するものが相乗効果を産み、繁盛しているところを見ると嬉しく思います」と井上代表は語った。

人との出会いを経て見聞を広め天職と出会う インテリアデザイナーの道へ進みドイルコレクションを興すまで

井上代表は横浜市に生まれ育ち、明治大学の理工学部建築学科へ進んだ。

「進学先は理系とだけ決めていて、その中で将来の仕事を想像しやすかった建築学科へ進みました。恋人にそれを『格好いい』と言われたことも一因です。そんな動機ですが、勉強する内にこの世界へのめり込んで行きました」

大学では一軒家から始め、最後には大型の建築物を学ぶ。そして、大型建築物に携わるのが建築家の成功であるように教えられた。しかし「大きなものを造るには時間がかかる。人生の5年、10年をかけて成果は1軒だけというのは耐えられませんし、それが成功だというのは違うのでは、と思ったのです」

別の道を考え始めた井上代表は、銀座でバーテンダーをしている父・衛之氏の元で働き始めた。そのバーで『物作りが仕事』という客が来店するたびに紹介して貰い、そこでもアルバイトをすることで見聞を広める。

　そんな中、衛之氏の後輩が新しくバーを始めることとなり、井上代表はカウンターや照明が入る際、見学に訪れた。内装が出来ていく様子を面白く思い調べると、それはインテリアデザイナーの領分だと知り、その道へ歩み出すこととした。

現地企業から依頼されて設計したロンドンの飲食店には
世界中の人々が訪れるという

　インテリアデザイン事務所に就職した井上代表は、需要が多い時代だったことに加え、当時は会社の規模も小さかったため多くのデザインを担当することができた。

　事務所ではデザインだけではなく、会話のメソッドも習得。当時、事務所の社長が忙しく会食の予定が急に井上代表へ回ってくることがあった。殆ど話したこともない他社の役員と話すことになるのだが、知識不足もあり会話が続かず危機感を抱いたという。

　そこで「『ならばこうですか？』など、返事の次に一言かけることを自分の中でマストにしました。結果、会話が続くようになり「次はその方の仕事における考え方やスタンスだけでなく、個人的な趣味趣向の話題にまでレンジを広げられるよう努めている内に、自然と上手く会話ができるようになりました」

　〝アンティシペーション（予感）〟という言葉を上げ、「周りにいる人が望むことを、先回りして対応する。周りを一瞬気遣うことで私が楽になるのです」という井上代表。

これにも会話について努力した経験が関係しているのだろう。

やがて、事務所の各部署を会社として独立させることとなり、インテリアデザイン部の後継会社社長に井上代表が指名された。しかし「人が作った会社で社長をやるのなら、独立したい」と社長就任を断り、株式会社ドイルコレクションを興すことにした。

黎明期の苦労を乗り越え海外で華々しい授賞式 実力に対し正当な評価を受け脚光を浴びる

井上代表が勤め先を去った日は、東日本大震災が起きた2011年3月11日。独立に震災が重なった影響は大きく、アテにしていた仕事の1割も来なくなり、商業的な依頼もほぼゼロに。独立資金や微々たる仕事で繋いだが、それも10カ月程で底をつき、社員への給与支払いさえ難しい状態になってしまった。

知名度を上げようにも、日本では自分の作品を公表できる機会は少ない。HPの他は著名な月刊誌がある程度。その月刊誌へも投稿したが連絡はなかった。

「最早、日本で発表する場所はないのではないか」と色々調べてみると、海外のメディアにはインテリアデザインを扱うものが多く、「解説原稿を翻訳し、webメディアや雑誌社などに掲載の依頼を送ってみたのです」

結果、送った全ての媒体から連絡が返ってきた。平面図や追加資料などの質問があった企業や担当が付いた企業もあり、「海外は知名度ではなく作品で判断してくれるという感覚になり、海外への発信に切り替えたのです」

その応募先に含まれていたのが2013年に行われたロンドンのデザインアワード。見事AsiaのBar部門でWinner（ナンバー1）を受賞し、ロンドンで行う授賞式にも招かれた。世界中のイ

多彩な表現かつ時代の潮流を代表するデザインは、そのどれもが完成すると
瞬く間に海外のメディアから問合せが殺到する

ンテリアデザイナーが一堂に会する、海外らしいパーティーのような授賞式。「感動しましたし、モチベーションアップにもなりました。そして、『良いと思うものを造っていたら、必ずちゃんと評価してくれる人がいる』と思えたのです」

この受賞から知名度は上がり、国内の視線も集まった。加わった経歴は海外での受賞歴が1つだけ、しかしその1つが環境を一変させたのだ。

また、井上代表の存在を更に世に知らしめたのが、2017年受賞『Firm of the Year Award』。ニューヨークを拠点とするこの賞は、絶対評価ではなく相対評価、個人ではなく企業自体を対象とする数少ないアワードだ。社員数で3部門に分かれるが、同社は最も競争率が高い10名以下のカテゴリで世界一に選ばれた。2023年12月現在でも、アジアで同カテゴリの世界一となったのは未だ同社のみ。紛れもない快挙である。

当時は日本企業が海外展開を進めている時期。しかし、海外物件を手掛けたデザイナーは数少なく、勤め人時代から海外物件を手掛けてきた井上代表には経験者として声が掛かった。それを知った企業や出来上がった現地の店舗を見たという他店のオーナーからもオファーが来ることがあったという。

日本国内の仕事としても、以前から親交があった社長に実力を認められ一緒に仕事をすることになったケース。独立前に携わった企業から再び依頼を受けブランディングまで携わるようになったケースもあるなど、躍進は続いている。

これは、井上代表が諦めることなく打開策を探し、自らの信じるところを貫き続けてきた結果だろう。

クライアントからもカスタマーからも大きな支持を得る父のバーのような〝まず相談に来る場所〟へ

井上代表はミスタードーナツやTully'sなど、有名チェーン店のインテリアデザインも担当。ミスタードーナツとの関わりは、〝アイスの販売を始める際、現在の売り場にどうインストールするか〟というデザインコンペから始まる。そのコンペで、井上代表はアイス売り場の話を中心とはせず『ミスタードーナツをこう変えて欲しい』というプレゼンに大半を費やした。

担当が全く違う切り口を面白く思ったのか、役員に対するプレゼンへ進んだ。役員はプレゼンを受け「方向性が違うのでその案は採用しません。でも、そのように当社のことをしっかり考えてくれる人と仕事をしたい。当社の考え方を説明するので、その上で次の店舗から一緒にデザインを考えて欲しい」と答え、井上代表がデザイナーとして選ばれた。

そこからブランドの経緯や方向性などを共有、それを表現し出来上がったのがミスタードーナツ甲子園店だ。ミスタードーナツが「初めてお店を格好良いと言われた」という、今までにない店舗デザイン。SNSも好評価に沸いた。大きな反響に「カスタマーまで届いていることが感じられて嬉しかった」と井上代表。そうして、全国展開の契約も結ばれた。

1つの提案や相談が、ブランド全体のデザインに波及する例は他にもある。これは井上代表が目指す「まず相談に行こうと思って貰える企業」へ繋がることだ。

「ギブアンドテイクだけの関係ではなく、相談していただき、考え方をシェアしてから物作りに発展できるようにしたいです」

この考えに則って、デザインができる前段階の立地条件や土地柄からの読み解き、クライアントによっては先に形や機能、マーケティングについてなどといった、自身の思考をシェアするところから始めるのが同社の基本スタンス。考えや根拠、さらにはそのデザイン・プロセスまで見せようと尽力してもらえることは、クライアントにとって至極安心できることだろう。

ミスタードーナツの店舗デザインは、2017 年から現在まで
全てドイルコレクションが監修している

飲食店のデザイン経験が豊富であることを活かし、コンサルティングも行う同社。依頼が10件あれば、その内1、2件はコンサルティングまで任されるという。クライアントが井上代表に全て委ねようと思えるのは、デザインセンスや真摯な取り組み、経験や経歴は勿論、「ルーツを想うと、バーテンダーの父の存在は大きいです。接客側の目線で見ることを普通として育てられた。根っからの商人が作る側に回ったことで見えるものがあったと思います」という。また、「父の店へ友人と訪れた時、父の方が友人の話をしっかり聞いて、的確なアドバイスをしてくれることも。バーは相談に来る場所でもあるのです」と尊敬が滲む声音で語った。

〝まず相談に来る場所〟。井上代表の理想とするところは、父のバーが根底にあるのかもしれない。

未来に思い返される『思想が残る仕事』を〝当たり前〟を組み立て直し、新しい〝当たり前〟を作る

同社の社員は現在5名。大手事務所とは違い独立志向の者が集まるため、育てば巣立ち、大幅に人が増えることはないという。井上代表としても「私を必要として当社へ依頼してくれた方に、しっかり私のデザインが届くように」と事務所を大きくするつもりはない。「代わりに『今月は全員ニューヨークで仕事をしよう』と言えるくらい身軽になりたい。場所でクオリティは変わりませんし、海外に拠点を移すか、持つかをしたいですね」と展望を語る。

また、井上代表の言葉で印象に残るものに『永く残る仕事』というものがある。

「インテリアは3年から10年程で入れ替わります。しかし、資料に残り、後にその時代を代表するものになって見返されるタイミングが、必ずやってくる。そういう意味で、使い捨てにされない、永く残るものをどう作るかということです」

加えて、『思想が残る仕事』という言葉も。

「業界として、これが当たり前という考えを組み立て直す。イノベーションとまでは言いませんが、いずれ、その組み立て直したものが当たり前になると、1つの思想になっていきます」

海外から見ると日本は、美意識、清潔感、伝統的なインテリアや建築などで、特別なアイデンティティを持っている国だ。そのアイデンティティも、長い時間をかけて一つひとつ作られてきたものである。長い時を経た先に井上代表が手掛けたものも、普遍的なデザインを作った思想の1つとして必ず見返されることになる。そう、確信させられた。

President's Profile

井上　愛之（いのうえ・あいじ）

1977年、横浜市に生まれる。

2001年、明治大学理工学部建築学科、卒業。

2011年、株式会社ドイルコレクション 設立。代表取締役就任。

2013年、ロンドンで開催されるデザインアワード「Restaurant & Bar Design Awards」Asia Bar部門のWinner（Asia Bar No.1作品）を受賞。

2014年～、ニューヨーク・ロンドン・ミラノ・ベルリン等で開催される世界的なアワードを毎年受賞。2016年までに200件を超えるプロジェクトを手掛ける。

2017年、ニューヨークを拠点とし、世界中の設計会社やデザイン会社に対し〈5年以上に渡る実績〉を評価するアワード「Firm of the Year Award」にて世界一を日本人初受賞。


【主な実績】

コートヤード・バイ・マリオット名古屋（ホテルすべて / 名古屋）、ヨコハマ グランド インターコンチネンタル ホテル（ホテル客室 / 横浜）、THE FRONT ROOM（レストラン / 丸の内）、LE CAFÉ LA BOUTIQUE de Joël Robuchon（カフェ / 虎ノ門ヒルズ）、KIMCHEE Pancras Square（レストラン / ロンドン）、The LOUNGE（会員制ラウンジ / 両国国技館）

Corporate Information

株式会社ドイルコレクション

DOYLE COLLECTION

所在地	
〒150-0022　東京都渋谷区恵比寿南1-20-3-302 TEL 03-5734-1508　FAX 03-5734-1509	
設立	
2011年4月	
資本金	**従業員数**
300万円	5名
事業内容	
・国内外の商業インテリアデザイン（レストランやバー、ホテル、オフィス、スポーツクラブなど）及びその設計。 ・ブランディング、コンサルティング	
社名由来	
DOYLE【貴方の生活環境におけるデザイン】 COLLECTION【その宝庫として】	

https://www.doylecollection.jp/

《掲載企業一覧》

株式会社富士通ラーニングメディア

https://www.fujitsu.com/jp/group/flm/

代表取締役社長　**青山　昌裕**

〒212-0014　神奈川県川崎市幸区大宮町 1-5　JR 川崎タワー

TEL 044-742-2800

株式会社飛び台

https://www.tobidai.com/

代表取締役　**本間　大地**

〒104-0032　東京都中央区八丁堀 4-14-4　BizSQUARE 八丁堀 2F

TEL 03-6264-3194

株式会社アポローン

https://www.apollon-group.co.jp/

代表取締役　**林　賢太郎**

〒101-0032　東京都千代田区岩本町 2-15-10　ニュー山本ビル 2F

TEL 03-5829-9384　FAX 03-5829-6369

在宅医療マッサージ株式会社

https://www.zaitakuiryo-massage.com/

代表取締役　**飯田　正人**

〒210-0003　川崎市川崎区堀之内町 12-6　2F

TEL 044-201-2918　FAX 044-201-2914

株式会社宮城衛生環境公社

https://www.miyagi-ek.co.jp/

代表取締役　**砂金　英輝**

〒989-3432　宮城県仙台市青葉区熊ケ根字野川 26-6

TEL 022-393-2216　FAX 022-393-2218

株式会社ハタメタルワークス

https://www.hata-metal.co.jp/

代表取締役　**畑　敬三**

〒577-0053　大阪府東大阪市高井田 16-8

TEL 06-6783-8234　FAX 06-6783-8238

mk DUO合同会社

https://mk-duo.com/

CEO　**肘井　一也**

〒185-0024　東京都国分寺市泉町 3-35-1　メゾン・レガ南館 1208

TEL 042-349-6220　FAX 042-349-6221

株式会社きむら

https://www.skimura.jp/

代表取締役　**木村　宏雄**

〒761-8074　香川県高松市太田上町 1090-1

TEL 087-868-5000　FAX 087-868-5060

モリカワ株式会社

https://morikawa-kobe.co.jp/

代表取締役　**北田　拓也**

〒658-0023　神戸市東灘区深江浜町 1-1

TEL 078-441-0220　FAX 078-413-7343

トップ保険サービス株式会社

https://www.top-hoken.com/

代表取締役社長　**野嶋　康敬**

〒802-0003　北九州市小倉北区米町 1-3-1　明治安田生命北九州ビル 2F

TEL 093-541-7777　FAX 093-521-2282

株式会社しちだ・教育研究所

https://www.shichida.co.jp/

代表取締役社長　**七田　厚**

〒695-8577　島根県江津市嘉久志町 2345-5

TEL 0855-52-4800　FAX 0855-54-0006

株式会社イゲタ金網

https://www.igeta-kanaami.co.jp/

代表取締役　**森　崇倫**

〒577-0044　大阪府東大阪市西堤学園町 1-8-9

TEL 06-6789-3661　FAX 06-6789-3673

青山システムコンサルティング株式会社

https://www.asckk.co.jp/

代表取締役　野口　浩之　　取締役　長谷川　智紀

〒162-0833　東京都新宿区箪笥町 34　VORT 神楽坂Ⅰ　9F

TEL 03-3513-7830

株式会社 Agrisus（アグリサス）

https://higasasu-farm.com/

代表取締役　江川　且起　　取締役　尾上　文啓

〈本　　店〉〒649-7203　和歌山県橋本市高野口町名古曽 180-3

TEL 0736-25-7000　FAX 0736-25-6575

〈東京営業所〉〒184-0012　東京都小金井市中町 3-9-10　Costa5F

株式会社 GSE コンサルティンググループ

https://global-synergy.net/

代表取締役　北原　万紀

〒810-0001　福岡市中央区天神 2-3-10　天神パインクレスト 719 号

TEL 050-3171-3699

株式会社 H & K

https://www.handk-inc.co.jp/

代表取締役ＣＥＯ　安藤　弘樹

〒220-8121　横浜市西区みなとみらい 2-2-1　横浜ランドマークタワー 21F

TEL 045-264-6322

株式会社マイキャリア・ラボ

https://www.mycareer-lab.co.jp/

代表取締役　**森　ゆき**

〒165-0023　東京都中野区江原町 1-16-4

TEL 080-5498-2077、03-3953-2077

ワキ製薬株式会社

https://www.a-kusuri.co.jp/

代表取締役会長　**脇本　吉清**

【本社所在地】〒635-0082　奈良県大和高田市本郷町 9-17

TEL 0745-54-0999　FAX 0745-23-0133

【営業本部棟】〒635-0025　奈良県大和高田市神楽 3-10-15

【第 1 広陵工場】〒635-0814　奈良県北葛城郡広陵町南郷 898

【第 2 高田工場】〒635-0082　奈良県大和高田市本郷町 9-17

【第 3 高田工場】〒635-0075　奈良県大和高田市大字野口 181

【京都研究開発部】〒612-8374　京都市伏見区治部町 105 番地
京都市成長産業創造センター内 3F

【京都 R&D オフィス】〒600-8815　京都市下京区中堂寺粟田町 93
KRP スタジオ棟

N-PRO. 株式会社

https://n-pro-co.com/

代表取締役社長　**細見　直史**

〒108-0075　東京都港区港南 2-16-1　品川イーストタワー 4F

TEL 03-6890-3967、070-4350-0001

W.T.Japan 株式会社

https://www.wtjapan.com/

代表取締役　寺澤　徳政

〒340-0041　埼玉県草加市松原 1-8-18-415

MAIL n-terasawa@wtjapan.com

超想工房株式会社

https://chousou.net/

代表取締役社長　赤平　久行

〒106-0032　東京都港区六本木 5-9-20　六本木イグノポールビル 301

株式会社 日本不動産パートナーズ

https://www.nfp.jp/

代表取締役　青木　晋市

〒450-0002　名古屋市中村区名駅 3-9-6　アルティメイト名駅 2 nd 6F

株式会社ドイルコレクション

https://www.doylecollection.jp/

代表取締役　井上　愛之

〒150-0022　東京都渋谷区恵比寿南 1-20-3-302

TEL 03-5734-1508　FAX 03-5734-1509

おわりに

年号が令和へと移り変わり、5年の月日が経ちました。万葉集の梅花の歌、三十二首の序文「初春の令月にして、気淑く風和ぎ、梅は鏡前の粉を披き、蘭は珮後の香を薫らす」から採られたこの年号は、「明日への希望と共に一人ひとりが大きく花を咲かせられるように」との願いが込められているようです。

近年の日本といえば、進む自動化の波に合わせて、人々の働き方に徐々に変化が訪れています。たとえば2010年頃に増加した外国人労働者は、2020年以降、コロナウイルスの影響で減少傾向にありました。2024年からは、現行の技能実習生制度がより外国人労働者のキャリアアップに重点を置いた新制度へと移行される見込みです。外国人労働者が日本の企業にとってますます重要な意味を持つ存在になりそうです。

また、パートタイム労働に従事している被扶養者の多くは、いわゆる『年収の壁』に頭を悩ませてきました。これに対し厚生労働省は、助成金制度『年収の壁・支援強化パッケージ』を導入しました。企業によってはそういった人件費を節約するために、労働力の省力化を推し進めるところもあるでしょう。2023年話題となったChat GPTの流行も、AIによる自動化の技術が如何に進化しているのかを象徴しています。

今回で第9弾となる『煌めくオンリーワン・ナンバーワン企業 2024年増補版～21世紀を拓くエクセレントカンパニー～』では、活力に溢れ、独自の切り口から各分野で活躍し続けている企業を収録して参りました。先代から脈々と受け継いできた事業によって世の中を支え続けている企業がある一方で、次世代を担う経営者の皆様により、新たなニーズに基づき立ちあがる企業もあります。

いずれにせよ、その原点にあるのは「明日をより良くしたい」という願いでしょう。世の情勢を鑑み、本書に掲載させていただいておりますのは、時には過去から学び、時には未来を見据え、人々の生活をより良くするために力を尽くされてきた素晴らしい企業ばかりです。

起業に至るまでの道に数々の苦難があったように、これから先の道も決して平穏が約束されている訳ではありません。ですが世の中の向上を願う気持ちがあれば、必ずその先の道を切り開いていけるでしょう。そしてそれは、この世の中がまた一歩素晴らしい世界へと近付いたという事実にほかなりません。

最後になりましたが、本書出版にあたり、ご多忙の合間を縫ってインタビューや原稿作成に応じてくださった経営者の皆様、スタッフの皆様に心よりお礼申し上げます。本書がこれから社会に羽ばたこうとする学生、新たな事業のヒントを探す実業家の皆様、そして未来の日本を紡ぐ子どもたちとの懸け橋となり、少しでも力になれれば幸甚の至りでございます。

2024年3月

株式会社　産　經　ア　ド　ス
産經新聞生活情報センター

「煌《きら》めくオンリーワン・ナンバーワン企業《きぎょう》 2024年増補版《ねんぞうほばん》」
—— 21世紀《せいき》を拓《ひら》くエクセレントカンパニー ——

発行日　令和6年3月30日　初版第一刷発行

編著・発行　株式会社ぎょうけい新聞社
〒531-0071 大阪市北区中津1丁目11-8
中津旭ビル3F

企画　株式会社産經アドス
産經新聞生活情報センター

発売　図書出版 浪速社
〒637-0006 奈良県五條市岡口1丁目9-58
Tel. 090-5643-8940　Fax. 0747-23-0621

印刷・製本　株式会社 ディーネット

ISBN978-4-88854-566-2